PUBLICATIONS DE LA SOCIÉTÉ D'ÉTUDES ÉCONOMIQUES
5, Avenue de l'Opéra.

LES
RETRAITES OUVRIÈRES

ET

LA PROPOSITION DE LOI SOUMISE AU SÉNAT

PAR

Ch. VALLETTE
*Secrétaire général de la Préfecture
du Puy-de-Dôme.*

Léon JACOB
*Attaché au Ministère
des Colonies*

———— ⊢ >·< ⊦ ————

Préface de M. Alfred MASCURAUD, Sénateur
*Président du Comité républicain du Commerce, de l'Industrie
et de l'Agriculture.*

———— ·•·◆·•· ————

PARIS

A. PEDONE, ÉDITEUR
Libraire de la Cour d'appel et de l'Ordre des Avocats
13, RUE SOUFFLOT, 13
—
1908

LES RETRAITES OUVRIÈRES

ET

LA PROPOSITION DE LOI SOUMISE AU SÉNAT

PUBLICATIONS DE LA SOCIÉTÉ D'ÉTUDES ÉCONOMIQUES

5, Avenue de l'Opéra.

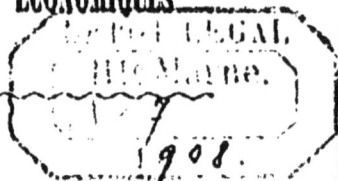

LES

RETRAITES OUVRIÈRES

ET

LA PROPOSITION DE LOI SOUMISE AU SÉNAT

PAR

Ch. VALLETTE	Léon JACOB
Secrétaire général de la Préfecture du Puy-de-Dôme.	*Attaché au Ministère des Colonies*

——+>|<+——

PRÉFACE DE M. ALFRED MASCURAUD, SÉNATEUR

Président du Comité républicain du Commerce, de l'Industrie et de l'Agriculture.

——•▶•◀•——

PARIS

A. PEDONE, ÉDITEUR

Libraire de la Cour d'appel et de l'Ordre des Avocats
13, RUE SOUFFLOT, 13

—

1908

PRÉFACE

Quand MM. Léon Jacob et Charles Vallette vinrent me demander une préface pour leur livre, ma première pensée fut de décliner cet honneur et de renvoyer ces jeunes savants à une personnalité plus compétente. Certes le problème des Retraites ouvrières intéresse au plus haut point le Commerce, l'Industrie et l'Agriculture : mais étais-je bien qualifié pour présenter au public cet ouvrage ? De longs travaux sur cette question donnaient à plusieurs de mes collègues du Parlement une autorité qui me fait défaut.

Mais MM. Léon Jacob et Vallette firent à mes scrupules une réponse assez topique. Ils me rappelèrent que j'avais par ailleurs exposé et défendu

plus d'une fois le principe des retraites ; que
Président d'une grande association de commerçants, industriels et agriculteurs, j'avais dès 1905
déclaré que la loi sur l'assistance obligatoire aux
vieillards, infirmes et incurables indigents n'était,
ne pouvait être qu'une loi de transition, la pierre
d'attente de l'édifice des pensions ouvrières.
MM. Vallette et Léon Jacob — dont la mémoire
décidément était des plus fidèles — se souve-
naient aussi que j'avais soutenu publiquement le
principe de la prévoyance obligatoire et celui de
la triple participation à l'œuvre commune des
ouvriers, des patrons et de l'Etat. Enfin, en donnant cette préface à leur livre, j'engageais, disaient-
ils, tous mes collègues et amis du Comité républicain du Commerce, de l'Industrie et de l'Agriculture ; j'apportais un moyen pratique, un argument décisif pour réfuter quiconque oserait
encore prétendre que le monde des affaires répu-
gne à la création d'un vaste service de retraites ; je fournissais par là même un concours
appréciable à la solution de ce redoutable problème.

Ces raisons, à la réflexion, me semblèrent si puissantes, que je me laissai persuader. Je promis cette préface à mes jeunes camarades.

Il est très vrai que les commerçants, industriels et agriculteurs républicains souhaitent la prompte fondation d'un système général de pensions ouvrières et paysannes. Il nous paraît inadmissible, honteux qu'un travailleur vieilli soit réduit à la mendicité, parce que les ans et la fatigue lui interdisent de louer ses services.

On objectera que la loi du 14 juillet 1905 assure dorénavant un minimum de subsides aux travailleurs âgés. Mais cette mesure nous semble insuffisante ; promettant un secours aux vieillards nécessiteux, elle est le palliatif d'une maladie sociale. Or il ne s'agit plus aujourd'hui de sauver les vieillards dénués de ressources ; la question se pose d'assurer des ressources à tous les vieux serviteurs de la prospérité nationale. Nous ne voulons plus de cette maladie sociale, qui s'appelle le paupérisme.

Je sais bien que les écoles socialistes résolvent élégamment la difficulté en décrétant un impôt de solidarité, qui, frappant les riches, fournirait des rentes aux pauvres. Mais nous estimons qu'en la matière les ouvriers doivent être non les titulaires passifs de leurs retraites, mais bien au contraire les premiers artisans de leurs pensions futures. Si le travailleur ne participe pas à une œuvre, qui le touche de si près, la retraite devient une prime à l'imprévoyance. Toutefois, comme les ressources des classes laborieuses sont souvent trop faibles pour permettre des prélèvements suffisamment élevés, nous admettons, nous désirons que la prévoyance des ouvriers soit aidée par le concours régulier, efficace des patrons. C'est l'intérêt des employeurs de préserver de la misère leurs auxiliaires de chaque jour : assuré dans l'avenir du pain quotidien, l'ouvrier travaillera mieux dans le présent ; plus de conflits, plus de grèves, également ruineuses pour les patrons et les salariés. Enfin nous pensons que l'Etat, bénéficiaire du travail ouvrier, défenseur naturel de la paix et de l'équité sociales, doit promettre

son concours financier chaque fois que la rente
constituée n'atteindra pas une quotité suffisante.
La solution du grave problème des retraites ne
peut être cherchée que dans l'union féconde et
fraternelle de ces trois termes : ouvrier, patron,
Etat.

Or, ces idées, je les ai trouvées exprimées en
un langage excellent dans le solide ouvrage de
MM. Vallette et Léon Jacob. Ces auteurs n'ont
voulu composer ni un livre résolument doctri-
naire, ni une étude purement historique. Je les
loue d'avoir emprunté tour à tour à l'une et l'autre
méthode. Après un tableau très exact des établissements de prévoyance qui fonctionnent en
France, ils exposent de façon parfaite les institutions des pays voisins. Le mécanisme des
législations belge, italienne, allemande me paraît
particulièrement bien étudié. Enfin, MM. Léon
Jacob et Vallette résument dans un historique
bien nourri tous les travaux législatifs français
sur la matière, jusques et y compris ceux d'hier,
ceux de la Commission sénatoriale des retraites.
Les projets anciens de MM. Guieysse, Millerand,

de Ramel, Chautemps, Maurice Faure, Audiffred, Antonin Dubost, les conseils de MM. Léon Bourgeois et Paul Deschanel, les observations de M. Cuvinot, tout cela est analysé, condensé ou cité. La proposition de loi adoptée par la Chambre en 1906, et présentement renvoyée devant le Sénat, est expliquée, commentée, critiquée dans un chapitre spécial, un des plus intéressants du volume. MM. Léon Jacob et Vallette, soucieux de ne point voir imposer aux finances publiques un fardeau trop pesant, suggèrent même plus d'une correction ingénieuse à ce texte. S'il est vrai que cet acte est inexécutable dans son actuelle teneur, je crois bien que les amendements proposés ici sont de nature à en rendre l'application plus aisée.

Voilà pourquoi ce livre me semble digne d'un bon accueil. Il est inspiré des plus purs sentiments républicains. Il paraît à son heure. Il est facile à lire. Il sera utile à tous ceux que préoccupent les questions sociales. A mes collègues du Parlement, qui, trop souvent surchargés de besogne, n'ont le temps de voir qu'un résumé des grands problèmes, je livre cette étude en toute confiance ; elle leur épargnera nombre de lectures et de recherches. Au public, aux patrons comme aux ouvriers, je la recommande comme un guide très sûr, à la veille des débats qui vont s'ouvrir au Palais du Luxembourg.

En écrivant ce livre substantiel, MM. Léon Jacob et Charles Vallette ont rendu service non seulement à ceux qui désirent s'instruire, mais à la masse des travailleurs, qu'intéresse directement la question des retraites. Nul doute qu'ils ne contribuent à la réalisation de cette grande œuvre. C'est le meilleur éloge que je puisse faire de leur travail et sans doute la plus belle récompensent qu'ils en attendent.

ALFRED MASCURAUD,
Sénateur de la Seine,
Président du Comité républicain du Commerce,
de l'Industrie et de l'Agriculture.

CHAPITRE I

Théorie générale d'une assurance ouvrière contre la vieillesse et l'invalidité.

CHAPITRE I

Théorie générale d'une assurance ouvrière contre la vieillesse et l'invalidité.

Il n'est pas nécessaire d'exposer longuement les raisons qui appellent la prompte création d'un service général de retraites ouvrières. Parmi les questions sociales de notre époque, celle des retraites des travailleurs est sans doute la plus urgente à résoudre et la plus grave.

Sous l'ancien régime, l'ouvrier était enfermé entre les barrières étroites des corporations. Mais il trouvait dans les confréries et les compagnonnages des groupes accueillants et charitables ; ceux-ci distribuaient à leurs membres des secours en cas de maladie ou d'infirmité ; ils subvenaient parfois aux besoins des veuves ou orphelins indigents (1). La Révolution emporta ces

(1) Cf. E. Levasseur, *Histoire des classes ouvrières en France*, Paris, 2ᵉ édit. 1904, 2 vol. in-8°. — G. d'Avenel, *Paysans et ouvriers depuis sept cents ans*, Paris, 1899, in-12.

institutions. L'ouvrier fut affranchi des liens souvent pesants de la corporation ou de la jurande ; mais son isolement fut la rançon de sa liberté. Il n'eut plus à compter que sur lui ou sur l'Assistance, publique ou privée, pour s'assurer les moyens de vivre. Aussi la Convention, dès 1794, sur le rapport de Barrère, chercha-t-elle par la création d'un Grand-Livre de Bienfaisance à sauver les travailleurs d'une vieillesse malheureuse (1). Mais son rêve généreux se perdit dans les difficultés du temps.

Au début du XXe siècle, la condition de l'ouvrier vieilli est demeurée précaire. Lorsqu'il est vieux et parce qu'il est usé, le travailleur est congédié de l'usine ou de la ferme et laissé sans salaire. Si, même pendant l'âge mûr, il est frappé d'incapacité de travail à la suite d'une maladie incurable ou d'un accident de droit commun (la loi du 9 avril 1898 le garantit contre les accidents du travail), il tombe dans une égale détresse. S'il n'a pu prélever sur son gain quelques économies pendant sa vie active, s'il n'a point un enfant qui lui vient en aide, l'assistance publique ou la charité lui accordent seules quelques subsides infimes. « Il n'a d'autres moyens de vivre que la mendicité, qui n'est souvent pour lui qu'un moyen de mourir de faim » (2). Il est

(1) F. DREYFUS, l'*Assistance publique en France sous la Législative et la Convention*, Paris, 1905, in-8°.

(2) Rapport de M. MONOD, directeur de l'Assistance et de l'Hygiène publiques au Ministère de l'Intérieur, au Congrès de l'Économie sociale de 1900.

dur de monter l'escalier d'autrui, disait déjà Dante exilé. Il est pénible de manger le pain de l'aumône.

Au point de vue humanitaire, c'est un spectacle affligeant et immoral qu'un homme abandonné de tous et réduit à la pauvreté, parce qu'il est vieux et ne peut plus travailler. Au point de vue social, c'est une iniquité certaine, car la société dans son ensemble a profité du labeur de l'ouvrier, quand il était jeune, et il serait juste qu'elle lui rendît, vers le déclin de sa vie, un peu des richesses qu'il a contribué à produire. Au point de vue politique, c'est un embarras et un danger permanents pour l'Etat: la troupe pitoyable de ces artisans, de ces petites gens, à qui l'avenir ne promet que l'indigence, peut devenir une armée de mécontents, enclins à adopter les théories les plus subversives; n'ayant rien à perdre au changement d'un régime, ils ont beaucoup à espérer d'un bouleversement social.

Le mal est si grand que personne ne l'a nié. La bienfaisance ou publique ou privée a jusqu'ici, à peu près seule, tenté de le guérir. Encore la charité, si on la peut considérer comme un devoir à pratiquer, ne peut-elle jamais être exigée comme un droit; et c'est hier seulement que l'obligation de l'assistance aux vieillards a été inscrite dans la loi (loi du 14 juillet 1905). Mais spontanée ou légale l'assistance n'est qu'un palliatif imparfait contre le mal. Si l'on excepte quelques œuvres privées, qui distribuent, en nature ou en argent, des subsides relativement abondants à un nombre réduit de nécessiteux, sait-on quelle est la moyenne des secours délivrés par les bureaux de bienfaisance? Elle était en 1900 de 24 fr. par an et par indigent, soit 2 fr. par mois (1). Plus généreuse est l'institution nouvelle, fondée par la loi du 14 juillet 1905 : l'on sait que cet acte, exécutoire depuis le 1ᵉʳ janvier 1907, a fixé le montant des secours à accorder aux vieillards, infirmes ou incurables, à une somme variant de 5 à 20 fr. par mois (art. 20) (2). Mais pour excellente que soit cette disposition, elle a le défaut grave de n'être profitable qu'à une seule catégorie de citoyens, les vieillards ou invalides. Certes elle organise en leur faveur un droit véritable, garanti par toute une hiérarchie de recours. Il n'en reste pas moins que la retraite de vieillesse ou d'invalidité ne sera concédée que sur la preuve de l'indigence, qu'elle est promise à l'indigence et non au travail (3). En vain quelques orateurs ont-ils prétendu que

(1) Rapport Monod, *ut supra.* Une enquête conduite en 1905 par le Conseil municipal de Paris a révélé qu'à Paris, où le coût de la vie est particulièrement élevé, les secourus les plus favorisés recevaient en moyenne des bureaux de bienfaisance les allocations suivantes :

Vieillards de 84 ans et au-dessus............	12 fr. par mois
— 81 à 84 —	10 fr. —
— 79 à 81 —	8 fr. —
— 69 à 78 —	5 fr. —
Aveugles et paralytiques.......	5 fr. —

(2) Trente francs à titre exceptionnel.
(3) Cf. Discours de M. JAURÈS à la Chambre des Députés, séance du 12 juillet 1905.

cette promesse suffisait (1). Le problème demeure entier qui consiste à trouver cette solution : supprimer pour les travailleurs vieillis ou malades les risques de misère par la constitution d'une pension, qui soit due à leur labeur passé, à leurs efforts, qui n'ait pas, en d'autres termes, le caractère d'un secours ou d'une aumône, même légale.

Nous examinerons dans cette étude quels efforts ont été faits en France et à l'étranger pour répondre à la question. Mais avant de l'envisager, il nous semble utile d'en préciser quelques termes.

Nous appelons *risque* l'éventualité d'un fait qui, en se réalisant, apporte un dommage matériel à celui qu'il

(1) Cf. M. SÉBLINE au Sénat: « Je considère que la loi que vous allez voter, dans les conditions où elle vient de vous être proposée, est la condamnation absolue de l'obligation des retraites ouvrières. Vous pouvez faire demain des retraites facultatives; mais je vous défie de les rendre obligatoires en présence d'une loi qui pare à toutes les misères, qui les soulage, quelle qu'en soit l'origine...

M. TILLAYE. — « Et obligatoirement.

M. SÉBLINE. — « Et obligatoirement, soit que l'homme soit devenu misérable par sa faute, soit que, au contraire, il ne le soit pas devenu par sa faute; je dis que vous ne pouvez plus imposer à l'homme l'obligation de se constituer cette retraite. L'État est venu dire: si vous êtes malheureux dans vos vieux jours je suis là pour vous assister. Je donne donc cette signification à mon vote, qui est acquis à l'art. 1er et à la loi tout entière, que nous allons faire une loi d'assistance, qui, j'en ai l'absolue conviction, nous permettra d'éviter l'obligation dans les retraites ouvrières. » (Séance du 9 juin 1906).

atteint. Si l'on admet qu'un ouvrier n'a pour vivre que sa capacité de travail, nous appellerons risque tout fait qui le privera de cette force, temporairement ou pour toujours. L'accident, le chômage, la maladie, l'invalidité, la vieillesse sont des risques. Or s'il est impossible à l'ouvrier d'échapper à ces éventualités, il lui est du moins loisible de prendre à l'avance des précautions afin d'en diminuer la rigueur. La prévoyance est une haute vertu sociale ; ses manifestations sont innombrables. L'ouvrier peut amasser par son épargne un petit capital, qui lui permettra de résister quelque temps à l'adversité ; mais n'est-ce pas précisément les travailleurs qui reçoivent les plus faibles salaires qui sont exposés aux risques les plus graves ? Il peut, — et ce genre d'épargne a souvent été célébré comme le plus moral de tous, — créer une famille, élever de nombreux enfants, dont la piété filiale garantira la sécurité à ses vieux jours ; mais qui ne voit combien cette ressource est incertaine ? (1) Il peut enfin trouver dans *l'assurance* une sauvegarde, contre les dangers qui le menacent.

L'assurance présente sur les autres modes de prévoyance des avantages certains. L'épargne simple,

(1) Nombreux hélas ! sont les vieillards qui ne reçoivent de leurs enfants, même quand ceux-ci jouissent d'une aisance relative, qu'un concours médiocre et prêté de mauvaise grâce. On a vu, on voit trop souvent des parents préférer le suicide à cette situation. (Cf. Le Play, *La Réforme sociale*, tome I, p. 301, et Proal, *Les suicides par misère à Paris*, Revue des Deux-Mondes, 1er mai 1898).

toujours disponible, peut être consacrée à des dépenses imprévoyantes et inutiles aussi bien qu'à des besoins urgents. Par l'assurance, les fonds sont réservés pour un objet déterminé, dont ils ne peuvent être détournés. L'épargne procède d'un sentiment intéressé, violemment individualiste : l'ouvrier qui épargne pense à lui d'abord et ne pense guère qu'à lui ; son but est d'acquérir un capital. Mais les fruits de son épargne sont lents à venir et bien souvent infimes. L'épargne, même chez le salarié le mieux rétribué, demeure toujours trop faible pour lui assurer ou les moyens de vivre sans travailler ou un capital capable de lui permettre de s'établir à son propre compte.

L'assurance, qui repose sur une série d'observations scientifiques, supprime plus sûrement les incertitudes de la vie et répond en même temps à ce principe social : « Il faut penser à tous en même temps qu'à soi ». Les travaux de statistique permettent de remarquer que des événements, en apparence fortuits, se produisent avec régularité, si on les observe dans un grand nombre de cas (1). Ainsi, sur un effectif de 100 personnes, on compte, en moyenne, 25 malades par an et 500 jours de maladie, soit 5 jours par tête. De là vient qu'on peut induire que dans un groupe suffisamment considérable d'individus, présentant des conditions de vie analogues, un même risque se produira selon une loi constante.

(1) Cf. P. Cauwès, *Cours d'économie politique*, Paris, 1893, in-8° (tome III, p. 573 et s.).

La vieillesse même est un risque qui n'échappe point à la règle. Il suffit dès lors d'associer ces hommes et de demander à chacun d'eux le paiement d'une prime assez élevée, pour que l'argent recueilli indemnise de la cessation forcée de leur travail ceux que le risque aura atteints. Il est impossible de prévoir quels individus seront victimes de cet événement fortuit, mais comme il est constant qu'un nombre déterminé d'entre eux en seront frappés, chacun par ce moyen *acquiert la certitude* d'être indemnisé du dommage qu'il peut subir. Dans la constitution théorique d'un service d'assurance il n'est pas besoin d'interventions étrangères aux intéressés. L'assureur par ses calculs détermine exactement quelle somme il doit exiger des assurés pour les garantir contre un risque déterminé. Dans le système des Compagnies d'assurance, l'assureur majore le montant des cotisations qu'il perçoit : c'est là son bénéfice. Dans le système de l'assurance mutuelle, la prime est remplacée par une répartition annuelle des charges entre les sociétaires. L'assurance achète ainsi la sécurité de chacun par l'union prévoyante de tous ; elle répartit les risques sur l'ensemble afin qu'aucun des participants n'en soit personnellement écrasé. « Elle enchaîne le hasard par des calculs de plus en plus certains et par la loi des grands nombres » (1).

Aussi est-ce dans l'organisation d'un service rationnel

_____

(1) E. Cheysson, *Les Assurances ouvrières*, Paris, 1894, in-8°.

d'assurance que l'on cherche à peu près exclusivement aujourd'hui le remède au mal. L'assurance peut préserver de tous les risques. Des compagnies privées pratiquent l'assurance contre la maladie, les infirmités, le décès, la perte partielle ou totale des biens mobiliers ou immobiliers par suite d'incendie, intempéries, vol, etc.... Mais ces diverses formes de l'assurance ne sont pas accessibles à l'ouvrier et il n'est pas question de lui en ouvrir l'accès. L'assurance contre la perte de la propriété ne l'intéresse pas. L'assurance en cas de décès, fort répandue en Angleterre et aux Etats-Unis, n'est guère entrée en France dans les mœurs populaires (1). Elle a le défaut grave de coûter fort cher. Sans doute l'assurance contre les seuls risques d'invalidité et de vieillesse dépasse souvent aussi les moyens de l'ouvrier. C'est pourquoi le patron et l'Etat doivent être appelés à bonifier la rente qui lui est promise, mais leur intervention ne diminue pas la force du principe de l'assurance: elle l'accroît. Peut-être même l'idéal serait-il de pouvoir provoquer leur concours pour ouvrir au travailleur toutes les formes de l'assurance. Mais pour assurer à sa veuve ou à ses orphelins une rente égale au produit net de son labeur, un ouvrier devrait verser de son vivant des primes considérables, d'autant plus fortes que son métier est plus malsain et entraîne des

---

(1) Cf. G. d'Avenel, *Le Mécanisme de la vie moderne,* Paris, 1897, tome II. — P. Cauwès, *op. cit.* Tome III, p.602.

chances plus nombreuses de mort. Ainsi, même dans
les conditions les plus favorables, le père de famille qui
voudrait garantir aux siens un capital de 10.000 fr. en
cas de décès (ce qui représente un revenu modique)
devrait verser à partir de 25 ans la somme élevée de
194 fr. 50 (1). L'énormité de cette prime décourage à la
fois les ouvriers, les patrons et l'Etat. Aussi bien, quand
le père décède, les survivants, si misérable que soit
leur situation, ont devant eux l'espoir de jours meil-
leurs ; souvent l'assistance momentanée d'une œuvre
de bienfaisance suffit à leur rendre la sécurité jusqu'à
l'heure où leur travail propre supplée à celui du père
disparu. Ils ont en eux des ressources et des espoirs
que l'ouvrier invalide ou vieilli ne possède plus. A
celui-ci le travail est impossible et la confiance en
l'avenir interdite. Il était juste de songer d'abord à lui
et de préparer avant tout l'organisation d'un service
général d'assurance contre l'invalidité et la vieillesse.

C'est ce genre d'assurance que nous rencontrerons le
plus fréquemment dans l'étude que nous allons entre-
prendre. C'est l'organisation en France d'une Caisse
assurant à tous les salariés des retraites d'invalidité ou
de vieillesse, que nous essayerons finalement d'exposer

(1) Nous prenons ces chiffres et cet exemple dans l'excellent
livre de M. Paul Imbert, *Les retraites des Travailleurs*, Paris, 1905,
in-12, p. 0.

et de déterminer, selon les plus récents travaux parlementaires (1).

(1) Nous disons une « caisse » et non un « service » assurant
aux travailleurs des pensions d'invalidité ou de vieillesse. Car
un service supposerait seulement que les pensions pourront être
liquidées, concédées et payées sur les disponibilités budgétaires
du moment, ainsi qu'il arrive pour les retraites des fonctionnaires de l'État. Pour ceux-ci il n'y a pas de caisse de retraites;
les retenues opérées sur leurs traitements constituent en réalité
une sorte d'impôt, qui figure dans les recettes de chaque exercice; leurs pensions, par corollaire, sont pour le budget une
charge annuelle, inscrite parmi les dettes de l'État. Il n'y a même
pas égalité, à beaucoup près, entre les recettes et les dépenses
qui incombent ainsi chaque année au Trésor. Si lourdes que soient
les charges infligées au budget, cette organisation est si vicieuse
qu'elle n'assure pas aux fonctionnaires des retraites proportionnelles aux retenues subies. Leurs pensions sont moins le produit
d'une assurance qu'une sorte de prime tendant à compenser la
modicité des traitements de l'activité. Il serait difficile d'imaginer
un système plus étrange, parfois même plus compliqué, et plus
onéreux, qui n'est basé ni sur l'application intégrale (malgré
quelques emprunts) de la méthode de *répartition*, ni sur celle de
la *capitalisation*. Nous rappelons que dans le système de la répartition les pensions en cours ne sont payées chaque année qu'au moyen
des sommes recueillies, — ce qui subordonne leur règlement au
montant des recettes. Dans le système plus savant de la capitalisation, les rentes ne sont prélevées sur le capital des versements que lorsque les disponibilités ont été augmentées par
l'addition des intérêts composés et que des réserves mathéma-
tiques ont été constituées pour les engagements à longue échéance.
Il importe dans la constitution des retraites ouvrières, de créer
un organisme spécial, chargé de percevoir et de faire fructifier
les cotisations annuellement versées par les intéressés, il faut, en
d'autres termes, créer une Caisse effective des retraites ouvrières.

CHAPITRE II

Institutions de prévoyance et de retraites fonctionnant en France.

CHAPITRE II

Institutions de prévoyance et de retraites fonctionnant en France.

I

La Caisse des Invalides de la Marine et la Caisse Nationale de prévoyance des marins français.

Plusieurs institutions résolvent dès aujourd'hui en France une partie du problème (1). Des œuvres existent dont l'objet est d'assurer aux vieillards, aux infirmes et aux malades une allocation qui les mette à l'abri de la misère.

L'une de ces institutions, la plus ancienne, est un

(1) Nous ne mentionnons pas ici, à dessein, les travailleurs qui appartiennent à des services publics (ouvriers des constructions navales, facteurs, gardiens de bureau, etc...) Etant au service de l'Etat, ils sont soumis au régime commun édicté par les lois en vigueur sur les pensions inscrites au Trésor public.

legs de l'ancienne monarchie. La *Caisse des Invalides de la Marine* fut créée par l'édit du 23 septembre 1673 (1). D'abord réservée à la seule marine militaire, un édit de mai 1709 la rendit commune à celle-ci et à la marine de commerce. Colbert, en organisant l'inscription maritime, avait fait peser sur la rude population des marins des charges nouvelles; pour assurer aux équipages de la marine un recrutement régulier, les « Inscrits » devaient au roi un nombre déterminé d'années de services, ils étaient en quelque sorte astreints, dès le XVII° siècle, à une sorte de service militaire obligatoire. La jouissance à titre de monopole du droit de pêche et de navigation sur les côtes, l'exemption des redevances féodales ne parurent bientôt plus une compensation suffisante à une obligation sans exemple. Comme les besoins du commerce national et l'intérêt politique de la royauté demandaient une marine capable d'entrer en concurrence marchande en temps de paix et de lutter en temps de guerre avec les flottes puissantes de la Hollande, on s'étudia à donner aux inscrits des privilèges qui les attachassent à leur service. La Caisse des Invalides fut créée pour venir en aide aux marins vieillis ou estropiés. Elle était alimentée notamment par des retenues effectuées sur la solde des officiers et des hommes tant de la flotte militaire que de la marchande et par des subventions du roi.

(1) Cf. TRAPENARD, *L'Établissement des Invalides de la Marine*, Paris, 1906, in-8°.

L'institution résista glorieusement à l'épreuve du temps. C'est elle qui récemment encore assurait des pensions de retraite aux officiers et aux équipages de la flotte et au personnel civil de la Marine et des Colonies. La loi de Finances du 21 mars 1885 allégea la Caisse de ce service pour en charger le Trésor. La Caisse des Invalides de la Marine n'est plus aujourd'hui (1) une institution de prévoyance et d'assistance également profitable à des fonctionnaires et aux inscrits. Elle n'est plus qu'une institution d'assurance ouverte à ces derniers (2).

Elle est un établissement public, autonome, jouissant de la personnalité civile avec les avantages qui y sont attachés. Elle est placée dans la dépendance du Ministre de la Marine et sous la direction d'un administrateur général, assisté d'une commission supérieure. Elle possède un budget propre annexé au budget général du Ministère de la Marine. Elle est alimentée par des sources multiples :

1° Une rente sur l'État de 3.149.888 fr. (3) ;

2° Le produit d'une retenue de 3 %. prélevée sur les salaires fixes des inscrits pendant la durée de leurs

(1) Depuis le 1ᵉʳ janvier 1886.

(2) C'est le décret du 30 novembre 1887 et la loi du 24 décembre 1896 qui l'ont réorganisée. Une liste bien étudiée des actes, qui ont réglementé ou réglementent l'institution, est publiée à la suite du budget annexe de la Caisse. (Budget de la Marine.)

(3) Ce chiffre et les suivants sont ceux du budget de 1908.

services, ou, quand ceux-ci sont engagés *à la part* pour la pêche, le pilotage ou le cabotage, des taxes mensuelles proportionnelles aux fonctions exercées ; ces taxes varient de 0 fr. 25 à 3 francs (au total 1.870.000 fr.);

3° 5 °/₀ du traitement total des officiers autorisés à naviguer au Commerce ou secondant des entreprises industrielles se reliant à la Marine (18.000 fr.) ;

4° La solde des déserteurs de la marine marchande (9.000 fr.) ;

5° Le produit de la vente de feuilles de rôle d'équipages des bâtiments de commerce (61.000 fr.) ;

6° 4 °/₀ sur les primes accordées à la marine marchande pour la construction et la navigation (mémoire) ;

7° Les dépôts de la Caisse des gens de mer (1) non réclamés pendant trois ans ; soldes et gratifications dont les ayants-droit sont absents, successions maritimes, etc.

8° Résidus de bris et naufrages, non réclamés pendant trois ans ;

(1) *La Caisse des Gens de mer* est chargée de recueillir non seulement en France mais encore dans les colonies et à l'étranger, par l'intermédiaire de nos consuls, pour les faire parvenir au domicile des ayants-droit : 1° les sommes acquises aux hommes de mer non présents au moment de la liquidation de leurs créances; 2° le montant des successions des personnes décédées en cours de voyage maritime; 3° le produit de la solde, celui de la vente des effets ou les effets eux-mêmes conservés dans l'intérêt des familles, des agents de tout grade du département de la Marine ; 4° enfin les produits de la vente des débris ou de marchandises provenant d'échouements ou de naufrages de navires appartenant à des nationaux ou à des étrangers.

9° Un droit sur les prises (mémoire) ;

10° Le montant des amendes prononcées en vertu des lois sur la police de la navigation et des pêches maritimes (ensemble le montant des retenues disciplinaires) ;

11° Le produit des prises non répartissables, c'est-à-dire donnant moins de 3 francs pour la part d'état-major et de 6 fr. 50 pour la part d'équipage ;

12° Un droit de 1 % sur la transmission de fonds privés des officiers seulement ;

13° Redevances pour concessions temporaires de parties de plages aux inscrits (37.000 fr.) ;

14° Les revenus de legs et donations faits à la Caisse (86.558 fr.) ;

15° Enfin et pour la part la plus grosse, une subvention de l'Etat inscrite au budget de la Marine, et dépassant 14 millions (14.005.537 fr.).

Ces ressources diverses élèvent, d'après la moyenne des chiffres des trois dernières années, le budget des recettes de l'institution à 19.000.000 fr. Pour l'exercice courant (1908) ce total atteint 19.304.483 fr. Avec ces fonds la Caisse alloue, à cinquante ans d'âge, une pension ou demi-solde aux inscrits ayant 25 ans de services sur les bâtiments de l'Etat ou du Commerce (1) ; en cas d'infirmités graves, dûment constatées et mettant le marin hors d'état de continuer à naviguer, la pension est concédée sans condition d'âge ni de temps de ser-

_____

(1) Les services rendus sur les navires de plaisance, munis d'un rôle d'équipage, sont également admissibles.

vices ; enfin, en cas de décès, la moitié de la retraite
dont a joui ou aurait joui le marin, est reversible à sa
veuve ou à ses orphelins mineurs jusqu'à leur majorité (1). Des bonifications variant, selon le grade des
inscrits, de 6 à 10 fr. par an ou de 6 à 9 fr. par mois
sont accordées à ceux qui dans le premier cas comptent
au moins six ans de services à l'Etat, ou dans l'autre
cas ont été victimes, pendant la durée de ces services,
de blessures ou infirmités graves et incurables. Enfin
un supplément de 2 ou 3 fr. par mois, selon le grade, est
accordé par enfant de moins de 10 ans aux veuves de
demi-soldiers morts en possession de droits à la demi-
solde. Le quantum des pensions servies oscille entre
204 et 1.068 fr., selon le grade, la durée des services ou
la gravité des blessures ; il correspond en général à la
moitié de la solde d'activité des pensionnaires, d'où le
nom de *demi-solde*. Les retraites des veuves et orphelins oscillent entre 192 et 534 fr. Le total des pensions
assurées dépasse aujourd'hui 16 millions (2). Avec l'excédent de ses recettes la Caisse distribue des secours
aux anciens serviteurs de la Marine, à leurs ascendants, veuves et orphelins, soit que des charges de famille

(1) Si le décédé est titulaire d'une pension inférieure au maximum légal, auquel son grade lui créait un droit éventuel, c'est
cependant à la moitié de ce maximum que peuvent prétendre la
veuve et les orphelins. S'il y a plusieurs enfants la pension est
payée jusqu'au jour où le plus jeune atteint 21 ans.

(2) 76.000 personnes (retraités, veuves, orphelins) se partagent
ces pensions ; le nombre total des inscrits est d'environ 120.000.

exceptionnelles rendent insuffisante une demi-solde déjà concédée, soit que les services rendus par les bénéficiaires ne leur aient pas créé de droits à une pension.

En somme, deux facteurs essentiels assurent le fonctionnement de l'institution : les inscrits sont tenus de verser chaque mois à la Caisse une part, à la vérité très réduite, de leurs salaires ; l'Etat assume la charge de surveiller les fonds, de les faire fructifier et d'accroître, par des subventions annuelles, les ressources de la Caisse ; en d'autres termes il majore le taux des pensions. Cette charge fiscale, corollaire nécessaire de l'inscription maritime, paraît même s'accroître régulièrement d'année en année (1).

.*.

(1) Elle était de 17.953.005 francs pour 1905 ; elle a passé à 18.054.105 francs en 1906. Elle est de plus de 19 millions en 1908. Elle s'élèvera prochainement encore si le Parlement vote, comme il est probable, le projet de loi déposé par le gouvernement en vue d'améliorer le régime des inscrits. Sans consentir à ceux-ci les majorations qu'une proposition émanant de l'initiative parlementaire — proposition Siegfried — avait prévue, le projet du Ministre de la Marine porte respectivement à 1.370 et 552 francs les maxima des retraites des capitaines et des matelots. C'est une question si cette contribution annuelle peut être considérée comme représentative des arrérages des rentes que posséderait aujourd'hui la Caisse si, à diverses reprises et sous les différents régimes, l'Etat ne s'était pas approprié ses capitaux. Il semble toutefois que les créances de la Caisse sur l'Etat ont été liquidées et réglées en 1816. (Cf. TRAPENARD, *op. cit.* et Rapport PLICHON sur la Caisse des Invalides, 1896, *Journal Officiel*, Doc. parl., Ch., annexes, n° 2052).

La Caisse n'assure de pensions à ses affiliés qu'à titre d'ancienneté ou d'infirmités. Si le marin vient à décéder sans remplir l'une ou l'autre de ces conditions, il ne laisse, à sa veuve, à ses enfants ou à ses ascendants, aucun droit à pension. Seuls quelques secours peuvent leur être accordés sur les fonds de la Caisse. A cette lacune grave, que recèle l'organisation fondamentale de l'Établissement des Invalides, les progrès du commerce maritime, l'extension des services de navigation ont ajouté un autre défaut. Les retraites de la Caisse ne sont promises qu'aux inscrits. Or le personnel de toute nature, qui vit de la marine marchande, comprend un nombre élevé d'individus non inscrits. De là des inégalités de traitement, des plaintes, des demandes qui appelaient une solution convenable.

Par une première loi, celle du 21 avril 1898, le Parlement voulut créer une institution destinée à compléter et améliorer la Caisse des Invalides. Mais le projet, peu discuté, trop rapidement voté, ne répondit que médiocrement au vœu des intéressés. Propriétaires, armateurs et marins ne tardèrent pas à adresser à la nouvelle création d'unanimes critiques. La refonte nécessaire s'accomplit sept ans plus tard.

Une loi du 29 décembre 1905 a créé, au profit des marins français, une *Caisse nationale de prévoyance* contre les risques et accidents de leur profession (1). Cette

(1) MAURICE GUITTON, *La Caisse nationale de Prévoyance des Marins français*, Nantes, 1906, in-8°.

Caisse est annexée à celle des Invalides de la Marine, mais a son existence indépendante. « Font obligatoirement et exclusivement partie de cet établissement, tous les inscrits maritimes, à partir de l'âge de dix ans, ainsi que le personnel non inscrit embarqué sur tous les bâtiments de mer français, autres que les navires de guerre ou ceux exclusivement affectés à un service public » (art. I). Ainsi, les capitaines au long cours, les médecins, commissaires, économes, comptables, domestiques de chambre ou de cuisine, etc., des compagnies de navigation, qui ne sont pas inscrits maritimes, sont en quelque sorte dotés d'un régime compensateur (1). Alimentée par toute une série de ressources énumérées dans la loi, la Caisse a pour objet principal d'accorder soit une pension viagère d'infirmité, soit une indemnité journalière à ses affiliés « atteints de blessures ou de maladies ayant leur cause directe dans un accident ou un risque de leur profession, survenu pendant la durée d'un embarquement sur un navire français ou s'y rattachant étroitement » (art. 5). Elle accorde également des pensions aux veuves et orphelins, et s'il y a lieu, des secours annuels aux ascendants. Les diverses allocations, fixées par un tarif (2), sont

(1) Leur nombre atteint 4.700 individus environ.
(2) Elles oscillent entre 600 et 2.200 francs, selon le grade ou l'emploi des bénéficiaires, pour les infirmités graves rangées dans une première classe, entre 390 et 1.430 francs, selon le grade ou l'emploi, pour les infirmités moins graves appartenant à une

majorées d'un supplément annuel de 50 francs par enfant âgé de moins de 16 ans, demeurant à la charge du
titulaire de la pension. Enfin, toutes ces retraites ou
allocations sont, d'une manière générale, déclarées in-
dépendantes des pensions militaires ou civiles, des pensions dites demi-soldes ou dérivées de la demi-solde,
ainsi que des secours d'orphelins accordés sur les fonds
de l'Etat ou sur ceux de la Caisse des Invalides de la
Marine.

deuxième classe. Les pensions de veuves sont fixées de 360 à
1.100 francs, les secours annuels aux ascendants de 180 à 550 fr.,
selon le grade du défunt. Ces sommes ne comprennent pas les
suppléments annuels de 50 francs par enfant âgé de moins
de 16 ans.

II

Caisses de Retraites des ouvriers mineurs (1).

De tous temps les Pouvoirs publics comme les exploitants ont entouré les mineurs d'une sollicitude particulière. Le dur labeur de ces hommes qui peinent dans
des galeries souterraines (2), leur esprit de corps, leur
groupement en associations, puis en syndicats bien or-
ganisés et puissants, l'importance de l'industrie
extractive en France ont été les raisons de cette constante bienveillance.

Il en est résulté pour les ouvriers la création d'un
certain nombre d'institutions de prévoyance et d'assistance. Dès 1850 des caisses de secours, de maladie et de
retraites s'étaient fondées. Le mouvement se généralisa.
Jamais cependant toutes les exploitations n'eurent leurs
caisses. Avant la loi du 29 juin 1894, qui a rendu obligatoire l'assurance des ouvriers mineurs, le département
de la Loire, qui comptait 57 compagnies minières,
n'avait que 6 caisses. Ces caisses n'étaient point établies

(1) Cf. RETAIL, *Les Caisses de secours et de retraite des ouvriers
mineurs*, Paris, 1900, in-8°.

(2) Cf. FRANÇOIS SIMIAND, *La Condition des ouvriers des mines*
(Revue de Paris, 1er juin 1906).

sur un mode uniforme ; il y avait autant d'organisations différentes qu'il y avait de caisses ; certaines ne donnaient que des pensions d'invalidité, d'autres des pensions de vieillesse, et à un âge très avancé. Les unes étaient alimentées par des versements simultanés de l'exploitant et du salarié, d'autres par des cotisations du seul patron, d'autres n'avaient point d'existence propre : l'exploitant faisait à la Caisse Nationale des Retraites pour la Vieillesse et au nom de l'ouvrier des versements mensuels fixes ou proportionnels. La plupart mettaient les fonds déposés à la garde du patron, qui en profitait pour les employer, — le cas s'est vu, — soit à des spéculations industrielles ou commerciales entraînant des risques financiers, soit à des œuvres politiques, électorales ou religieuses (fondations d'écoles congréganistes, etc...). Les statuts de presque toutes contenaient un article, dit clause de déchéance, en vertu duquel l'ouvrier quittant une exploitation perdait tout droit sur les versements opérés par le patron et parfois même sur les siens propres. Enfin non seulement les versements n'étaient pas garantis par des gages ou des privilèges, mais encore l'actif, qu'ils représentaient, pouvait être considéré comme une part du capital social de l'entreprise : en cas de liquidation forcée, comme à Terrenoire ou à Bessèges, les sommes ainsi épargnées pouvaient être réclamées, exigées par les créanciers de la Société.

Ainsi les résultats obtenus n'étaient ni en rapport avec les sacrifices consentis par les ouvriers, ni conformes aux désirs de l'opinion publique. Pour remédier à la situation, un certain nombre de projets de loi furent déposés sur les bureaux des Chambres : propositions Waldeck-Rousseau (28 novembre 1882), Brousse (30 novembre 1882), Chavanne et Girodet (13 mars 1883), Audiffred (19 novembre 1885), rapport Cuvinot au Sénat (1893), rapport Audiffred (1894), etc... Ces projets tendaient presque uniformément à la création de Caisses de secours et de retraites, spéciales aux ouvriers mineurs, et fonctionnant dans des conditions et sur un modèle préalablement convenus. Comme il fut dit excellemment à la Chambre dans le rapport Mazeron, « la propriété des mines résulte de concessions gratuites faites par l'Etat..... (mais) l'Etat conserve sur cette propriété, au point de vue des rapports des ouvriers et des patrons, comme au point de vue technique, un droit de surveillance et d'intervention... Le législateur peut donc imposer l'adhésion aux Caisses de retraites et de secours dans les conditions qu'il détermine. » De ce mouvement est née la loi du 29 juin 1894 sur « les Caisses de secours et de retraites des ouvriers mineurs » (1).

Tous les ouvriers et employés se rattachant à l'industrie minière doivent obligatoirement, sans autres con-

(1) Il faut par ce mot entendre, comme le spécifie la loi même, les travailleurs de « toutes les exploitations ouvertes sur des gîtes concédés ». Les carrières souterraines peuvent être assimilées aux mines en vertu de décrets rendus en Conseil d'Etat sur la proposition du Ministre des Travaux publics.

2.

ditions que le chiffre de leurs salaires ou appointements (1), être inscrits à la Caisse Nationale des Retraites pour la Vieillesse, ou à une caisse analogue syndicale ou patronale. Mais ces caisses non officielles présentent des garanties sérieuses : elles sont autorisées par un décret, leur fonctionnement est contrôlé par l'Etat, leurs fonds doivent être convertis en rentes sur le Trésor, en valeurs garanties par l'Etat, ou en obligations départementales ou communales. Dans ces Caisses (Caisse Nationale ou Caisses privées), l'exploitant verse chaque mois, pour la constitution du capital qui assurera les pensions, une somme égale à 4 0/0 du salaire des ouvriers ou employés, dont 2 0/0 prélevés sur le salaire et 2 0/0 versés par lui-même. Ces versements, dont le patron doit assurer la régularité, sont faits à capital aliéné, pour augmenter le taux de la pension, sauf les 2 0/0 correspondant à la part de l'ouvrier que celui-ci peut verser à capital réservé. Les versements peuvent être augmentés après entente entre les parties. L'exploitant peut les prendre à sa charge pour plus de la moitié, jusqu'à leur totalité.

Ces versements sont inscrits sur un livret qui est la pleine propriété de l'ouvrier ; il l'emporte avec lui, s'il change d'exploitation ; il peut à tout instant y lire l'état constitutif de sa retraite. Cette dernière est liquidée selon les bases ordinaires de la Caisse Nationale des Retraites pour la Vieillesse; des conditions pareilles ont

_____

(1) Si ceux-ci dépassent 2.400 francs par an, le bénéfice de la loi n'est accordé que jusqu'à concurrence de cette somme.

été prévues pour les caisses patronales ou syndicales. L'entrée en jouissance de la pension a été fixée par la loi à 55 ans, sans limitation de la durée du travail ; elle peut être retardée sur la demande de l'intéressé, mais à partir de 55 ans les versements cessent d'être obligatoires. Comme les retraites ainsi liquidées peuvent être minimes, la loi autorise les exploitants à prendre de concert avec leurs ouvriers des dispositions spéciales en vue « d'assurer à ceux-ci, à leurs veuves ou à leurs enfants soit un supplément de rente viagère, soit des rentes temporaires ou des indemnités déterminées d'avance ».

Ainsi la loi de 1894 impose aux ouvriers mineurs l'obligation de l'assurance. Aucune de ses clauses ne prévoit, il est vrai, la participation de l'État à la constitution des retraites : les exploitants seuls sont tenus d'intervenir. Mais un juste effet des théories de solidarité sociale et de philanthropie, les revendications des syndicats, les grèves, les plaintes de certains députés d'arrondissements miniers ont peu à peu convaincu le Gouvernement de la nécessité d'assurer aux ouvriers vieillis ou infirmes un minimum de pension ou de subside. Sans doute la question se posait de savoir si d'autres catégories de travailleurs, aussi intéressants et peut-être plus nécessiteux que les mineurs, ne méritaient pas une même preuve de la sollicitude de l'État. Comme le Parlement était saisi de plusieurs projets de loi portant création d'une Caisse des retraites ouvrières, on ajourna la solution du problème ; on se proposa de le

résoudre en même temps que la grande question des
retraites ouvrières (1). En mars 1903, M. Maruéjouls,
Ministre des Travaux publics, et M. Rouvier, Ministre des
Finances du cabinet Combes, soutenaient seulement
devant les Chambres et faisaient voter le principe d'un
crédit extraordinaire de 1 million destiné à l'amélioration des retraites des ouvriers mineurs (article 84 de
la loi de finances du 31 mars 1903) (2). Cette dépense
figure régulièrement au budget depuis 1904.

Cet apport de l'État et l'application chaque année
plus étendue et plus exacte de la loi de 1894 ouvrent
aujourd'hui des droits à une pension soit d'invalidité,
soit de vieillesse, à plus de 170 000 travailleurs.

(1) Cf. Débats à la Chambre en février-mars 1903. — Cf. JEAN
SIGNOREL. *L'œuvre budgétaire de la Troisième République en
matière d'assistance et de prévoyance sociale* (Revue politique
et parlementaire, octobre-novembre 1905).

(2) Cette somme est affectée chaque année dans les conditions
suivantes : *a*) pour un tiers à la majoration de la pension d'âge
ou d'invalidité de plus de 50 francs acquise ou en instance de
liquidation de tout ouvrier ou employé des mines de nationalité
française, par application du titre IV de la loi du 29 juin 1894 sur
les caisses de retraites et de secours des ouvriers mineurs ;
b) pour les deux autres tiers à des allocations en faveur de tous
autres ouvriers ou employés des mines, de nationalité française,
âgés de 55 ans au moins au 1er janvier 1903 (ou 1904, 1905, 1906,
etc... pour les années suivantes) et justifiant à cette date de
trente années de travail salarié dans les mines françaises. La
dépense est aujourd'hui inscrite au budget du Ministère du Travail et de la Prévoyance sociale. Il est question de porter le crédit à
1.500.000 fr. (à dater de 1909). Déjà il a été élevé à 1.134.000 fr.
pour l'exercice 1908.

III

La Caisse Nationale des Retraites pour la Vieillesse.

A la vérité, un nombre bien plus considérable d'ouvriers sembleraient devoir être assurés d'une pension. Nombreuses et bien organisées sont les institutions qui, sans recourir aux principes de l'obligation et de la contribution de l'État, offrent aux travailleurs des Caisses de retraites et d'assurance.

Et d'abord l'institution officielle appelée *Caisse Nationale des Retraites pour la Vieillesse* (1). L'organisation de cette Caisse remonte à plus d'un demi-siècle. Depuis le premier Empire il y eut de tout temps en France des sociétés mutuelles qui assuraient à leurs membres des pensions de vieillesse. Mais, mal organisées pour la plupart et mal dirigées, elles eurent en général peu de succès. Quelques-unes furent acculées à une sorte de liquidation. L'échec plus grave encore et la dilapidation des fonds de certaines compagnies d'assurance sur la vie acheva de jeter un discrédit complet sur ce genre

(1) Voir RAOUL JAY, *L'Assurance ouvrière et la Caisse nationale des Retraites pour la vieillesse* (Revue politique et parlementaire, avril 1805). — P. LIBREZ, *La Caisse nationale des Retraites pour la vieillesse*, Paris, 1905, in-8°.

d'entreprise. La classe ouvrière n'eut plus pendant long-temps confiance que dans les Caisses d'épargne, qui donnent des arrérages de rente, mais non des pensions ; de 1836 à 1848 le succès de ces institutions fut continu (1). Le développement des idées démocratiques et socialistes sous la monarchie de Juillet, les plaintes des ouvriers, qui en général mal payés, insoucieux du lendemain' tombaient dans la misère dès qu'ils cessaient le travail (2), la même pensée qui inspira la création des ateliers nationaux en 1848 ramena l'attention à la fois des ouvriers et du public sur la nécessité de créer une Caisse de retraites, à laquelle les classes laborieuses pussent en sécurité confier leurs dépôts. Déjà le paragraphe 8 du *Préambule* de la nouvelle Constitution avait consacré le *devoir* social d'assistance. La Commission des questions ouvrières (Louis Blanc et Albert), constituée au sein du Gouvernement, vécut trop peu pour résoudre le problème. Les journées de juin rendirent le parti ouvrier suspect et odieux. L'Assemblée nationale fut unanime à écarter toute mesure bienveillante à l'égard du « parti antisocial ». Ce n'est que l'année suivante et en 1850 que l'idée fut reprise.

La loi du 18 juin 1850 créa la *Caisse des retraites et rentes viagères pour la vieillesse*. L'institution reposait sur les trois principes suivants : versements facultatifs

(1) Georges Weill, *La France sous la monarchie constitutionnelle*, Paris, s. d., in-8°, p. 146.

(2) *Ibid.*, p. 261.

de l'adhérent, pas d'intervention de l'État, pas de versements patronaux. Contre les projets de participation
de l'État à la constitution des retraites, le rapporteur
de la Commission à la Chambre avait conclu par ces
paroles décisives, qui avaient entraîné le vote de l'Assemblée : « Il faut que l'ouvrier apprenne à compter
sur lui-même, sur son travail, sur son économie ; qu'il
mette son orgueil et sa gloire à secouer de ses propres
mains le joug de la misère et surtout qu'il ne s'habitue
pas à regarder la fortune publique comme une réserve
assurée à la négligence et à la paresse » (1).

La Caisse fonctionna à partir de 1851 (2). Il apparut
bientôt qu'elle ne répondait en rien à la pensée de ses
créateurs. Comme on n'avait ni limité le chiffre des
versements, ni fixé le nombre des années nécessaires
pour l'obtention d'une pension, des rentiers, des commerçants, des spéculateurs y déposèrent des fonds ; ils
en tiraient un intérêt bien supérieur à celui qu'offrait
la rente sur l'État (3) (alors 5 0/0 et à partir du 14 mars
1852 seulement 4 1/2 0/0). Les ouvriers, accoutumés à
l'insouciance, ne venaient au contraire à la Caisse qu'en
nombre infime. La Caisse connut des recettes considé-

(1) *Moniteur* du 8 mars 1849.
(2) La date officielle de la fondation est le 11 mai 1851. Voir un
excellent historique de l'institution dans RAOUL JAY, *op. cit.*(Rev.
polit. et parlem., avril 1895).
(3) Le mal était d'autant plus grand que la Caisse, en vertu de
sa charte constitutive, était tenue de placer ses fonds en rentes
sur l'État, en sorte qu'elle travaillait à perte.

rables (31.000.000 de francs en 1852 pour 14.700 comptes),
mais éprouva un échec certain. Une série de lois
(1853, 1856, 1872, 1882) tenta avec un demi-succès de
remédier à la situation. Aujourd'hui l'institution est
gouvernée par la loi du 20 juillet 1886, qui en est la
charte fondamentale, et celles du 26 juillet 1893 (loi de
finances, article 61) et du 31 décembre 1895.

Son appellation officielle est : « Caisse Nationale des
Retraites pour la Vieillesse ». Instituée pour recueillir
et faire fructifier, par l'accumulation des intérêts,
l'épargne réalisée par le déposant en vue de s'assurer
une pension de retraite pour ses vieux jours, l'œuvre
ne cherche aucun bénéfice. La garantie de l'État lui est
accordée. La Caisse des Dépôts et Consignations gère
ses fonds, avec le contrôle d'une Commission supérieure formée auprès du Ministre du Travail. Les rentes
qu'elle délivre représentent intégralement ce que les
fonds déposés ont produit par l'accumulation des intérêts combinés avec les chances de mortalité. Le tarif,
d'après lequel elles sont calculées, est fixé chaque année
par décret du Président de la République. Elle emploie
ses fonds en achats de rentes ou valeurs sur l'État, en
obligations de chemins de fer ou en obligations départementales et communales. Les versements sont facultatifs,
et sont constatés sur des livrets individuels ; ils peuvent être interrompus ou continués. Ils sont opérés par
l'intéressé, un donateur ou un mandataire ; la même
personne (patron, trésorier d'une société, père de famille,

etc...) peut verser pour plusieurs bénéficiaires collectivement. Ils peuvent être faits à capital aliéné ou à capital réservé. Tout capital réservé peut être abandonné ultérieurement en vue d'augmenter la rente primitive. Le versement minimum est de 1 franc, le maximum de 500 francs par an (1). Aucune rente viagère supérieure à 1.200 francs ne peut être inscrite sur la même tête. Les rentes sont incessibles et insaisissables jusqu'à concurrence de 360 francs. En cas de donation, elles peuvent être déclarées incessibles et insaisissables en totalité. L'entrée en jouissance de la pension est fixée, au choix du déposant, à partir de chaque année d'âge accomplie de 50 ans à 65 ans (2). Tout déposant réduit à l'incapacité absolue de travailler est mis en possession, avant l'âge d'entrée en jouissance, d'une rente proportionnelle à son âge et à ses versements. Cette pension peut être bonifiée par une subvention de l'État (3).

(1) Exception est faite pour les versements effectués soit en vertu d'une décision judiciaire, soit par les administrations publiques, soit par les sociétés de secours mutuels. Ces versements toutefois demeurent soumis à la règle, qui limite le maximum de la rente totale inscrite sur la même tête.

(2) Dans le trimestre qui précède l'entrée en jouissance de sa rente, le titulaire peut reporter cette jouissance à une autre année, ce qui augmente le chiffre de sa rente.

(3) Ces bonifications sont accordées sous forme de rentes complémentaires par la Commission supérieure de la Caisse. Les sommes nécessaires à la constitution desdites rentes sont prélevées sur les ressources provenant d'une dotation spéciale formée du

Les dispositions libérales, intelligentes et sages de ces lois étaient faites à la fois pour séduire les ouvriers, les pères de famille, les chefs d'industrie, les communes, comices agricoles, caisses scolaires, etc... désireux d'assurer à eux-mêmes, à leurs enfants, à leurs administrés ou à leurs membres, une pension de retraite et pour éloigner les spéculateurs et gros capitalistes. On attendait beaucoup du régime institué. En fait, si l'on consulte les rapports annuels de la Commission supérieure de la Caisse, on constate que le nombre des déposants augmente régulièrement ; les comptes nouveaux ont été :

En 1888....................	30.209
En 1890................ ..	31.585
En 1892....................	35.785
En 1904....................	44.829

En 1895, l'accroissement a été colossal ; il a été pour cette seule année de 157.072 ouvertures de comptes ; c'était l'effet de la mise en vigueur de la loi du 29 juin 1894 sur la Caisse de retraites et de secours des ouvriers mineurs. Grâce à cet appoint, grâce à l'application de la loi du 9 avril 1898 sur les accidents du travail et de celle

revenu de la moitié du produit de la vente des diamants de la Couronne et sur le montant d'un crédit inscrit annuellement au budget du Ministère du Travail. Les bonifications s'accordent conformément aux dispositions d'un règlement d'administration publique édicté le 9 juin 1896.

du 24 mai 1899 qui a institué une Caisse nationale d'assurance en cas d'accidents, dont le service des rentes est assuré par la Caisse Nationale des Retraites pour la Vieillesse, celle-ci a vu le nombre de ses déposants croître encore depuis cette époque. Au 31 décembre 1905, les opérations se résumaient ainsi (1) :

Nombre de déposants (depuis la fondation en 1851)..	2.817.485
Nombre de versements (depuis la fondation en 1851)....	47.557.971
Sommes versées (depuis la fondation en 1851)	1.424.235.567 89
Nombre de rentiers existants (au 31 décembre 1905)......................................	279.380 »
Rentes en payement (au 31 décembre 1905).	37.870.323 (2)

(1) Ce sont les chiffres officiellement publiés par la Commission supérieure de la Caisse dans son rapport annuel au Président de la République (*Journal Officiel*, 6 juillet 1906). Voici, par comparaison, les chiffres des deux rapports précédents; ils indiquent les progrès de l'institution pendant deux ans.

	Exercice 1903	Exercice 1904
Nombre de déposants.......	2.447.725	2.628.252
— versements.....	40.081.900	43.850.035
Sommes versées...........	1.298.345.461 62	1.360.259.297 44
Nombre de rentiers existants.	262.804	271.221
Rentes en payements.......	36.622.021 »	37.270.614 »

(2) Ces chiffres ne comprennent pas ceux de la Caisse Nationale d'assurance en cas d'accidents, dont les rentiers ne doivent pas être confondus avec ceux de la Caisse des Retraites et qui sont de (au 31 déc. 1904) :

Nombre de versements.................................	21.730
Sommes versées..	80.488.917 58
Nombre de pensionnaires existants ....,...	27.141

Mais cette prospérité, pour heureuse qu'elle soit, n'est point une preuve du succès de l'entreprise. A considérer le détail, on aperçoit que la grande majorité de ces nouveaux comptes sont le produit de versements collectifs, très souvent obligatoires, effectués au nom et au profit de leurs ouvriers par les chefs d'entreprise, de leur personnel par certaines administrations publiques (1), de leurs membres par les sociétés de secours mutuels. Parfois, le nombre des versements individuels au lieu de progresser a diminué. Ainsi :

En 1888 le nombre des versements collectifs a été de.......			25.996	pour	4.213	individuels
En 1890	—	—	25.562	—	6.023	—
En 1892	—	—	30.088	—	5.697	—
En 1894	—	—	39.285	—	5.564	—
En 1895	—	—	151.345	—	5.727	—
En 1896	—	—	94.632	—	6.032	—
En 1898	—	—	83.444	—	8.160	—
En 1900	—	—	201.583	—	10.402	—
En 1904	—	—	173.916	—	6.611	—
En 1905	—	—	180.948	—	8.285	—

En sorte que les déposants collectifs ont toujours été, depuis 1886, dans une proportion de 84 °/₀ au moins (95 °/₀ en 1900, 96 °/₀ en 1904).

Enfin, si l'on examine l'importance moyenne de ces versements, on aperçoit que si leur montant oscille de

(1) Par exemple certaines Compagnies de chemins de fer, les Manufactures de l'Etat (tabacs et allumettes), l'Administration coloniale pour certains de ses agents.

14 à 24 fr., selon les années, pour les versements collectifs (15 francs en 1905), il varie entre 130 et 450 francs
environ pour les versements individuels (139 francs
en 1905). Dans la seule année 1904, près des trois quarts
des déposants isolés ont opéré des versements supérieurs à 50 francs. Un tiers a effectué des versements
de 500 francs (1).

Ces statistiques tendent à prouver que les déposants
isolés sont, dans leur majorité, non des ouvriers, petits
employés ou domestiques — comme l'avait souhaité le
législateur, — mais des gens aisés ; l'importance des
versements opérés suppose des revenus assez considérables. La statistique par profession de ces déposants
les présente dans l'ordre suivant, en allant des plus
nombreux aux moins nombreux :

1° Mineurs sans profession (c'est-à-dire écoliers affiliés
aux mutualités scolaires et dont un certain nombre ne
continuent pas les versements une fois parvenus à l'âge
d'homme) et d'une manière générale enfants âgés de
moins de seize ans.

2° Employés, militaires et marins (comprenant fonctionnaires, agents, etc..., dont un certain nombre peut
prétendre par ailleurs à une pension).

(1) Versements de 500 fr.	34 62 %
Id.	200 à 499 fr.....................	11 83 %
Id.	50 à 199 fr.....................	21 19 %
Id.	10 à 49 fr................	19 75 %
Id.	au dessous de 10 fr........	12 54 %
Id.	Irréguliers (supérieurs à 500 fr).	0 05 %

3° Professions libérales et rentiers.

4° Ouvriers des manufactures de l'Etat et des industries diverses.

5° Domestiques.

6° Artisans patentés et marchands.

7° Agriculteurs.

8° Agents de chemins de fer.

Ainsi, il ne semble pas que la Caisse Nationale des Retraites pour la Vieillesse, malgré la sagesse de son organisation, malgré sa prospérité, malgré les services réels et nombreux qu'elle rend, ait atteint l'objet que le législateur s'était proposé et que l'opinion désignait. M. Jay a pu écrire que cette institution n'avait point apporté les éléments d' « une solution suffisamment générale et prochaine du problème de l'assurance ouvrière contre la vieillesse » (1). L'ouvrier n'y est point le déposant le plus nombreux, surtout il n'y dépose le plus souvent que collectivement et par obligation. Encore les dernières statistiques ne le placent-elles même pas au premier rang des déposants collectifs. M. Millerand a dit : « L'ouvrier qui va isolément de son propre mouvement pour se constituer une retraite à la Caisse nationale, c'est un mythe, il n'existe pas » (2).

(1) RAOUL JAY, *l'Assurance ouvrière*, etc. (Rev. polit. et parlem. avril 1895, p. 107).

(2) Chambre des Députés, séance du 13 juin 1901.

IV

Les Sociétés de Secours mutuels.

Les Sociétés de Secours mutuels assurent le plus
souvent des retraites à leurs membres (1). On a défini
excellemment la mutualité : « Elle répartit sur tous les
associés les mauvaises chances de la vie de manière à
en alléger le poids pour chacun d'eux et à n'écraser
personne ; elle substitue à l'individu la collectivité qui
obéit à des lois certaines et immuables ; en un mot,
elle fait de la force avec de la faiblesse, de la certitude avec du hasard » (2).

D'autre part, la loi du 1er avril 1898, qui est leur
charte fondamentale, définit en ces termes les Sociétés
de Secours mutuels : « Les Sociétés de Secours mutuels
sont des associations de prévoyance qui se proposent
un ou plusieurs des buts suivants : assurer à leurs
membres participants et à leurs familles des secours
en cas de maladie, blessures ou infirmités ; leur constituer des pensions de retraite ; contracter à leur
profit des assurances individuelles ou collectives en

(1) Berjonneau, *Les Retraites pour la vieillesse et les Sociétés
de Secours mutuels*, Paris, 1900, in-8°.
(2) M. Cheysson.

cas de vie, de décès ou d'accidents, pourvoir aux frais
de funérailles, et allouer des secours aux ascendants,
aux veufs, veuves ou orphelins des membres participants décédés ». (Art. 1).

Depuis une quinzaine d'années, la généralisation du
service des pensions est peut-être, parmi les fins assi-
gnées à l'activité des mutualistes, celle pour qui les
plus grands efforts ont été tentés (1). Déjà un décret
du 26 avril 1856 avait prévu la constitution de ces
retraites et réglé leur liquidation. Les Sociétés étaient
autorisées à déposer chaque année à la Caisse des
Dépôts et Consignations, sous l'appellation de *Fonds
commun de retraites,* les sommes qu'elles voulaient employer à la constitution des pensions. Les fonds ne pouvaient être prélevés, les frais et indemnités de maladie
une fois payés, que sur les excédents de recettes. Ils
pouvaient être accrus par des dons et legs et par des
subventions de l'Etat. Ils étaient confiés à la Caisse des
Dépôts et Consignations, productifs d'intérêts, sous la
garantie de l'Etat. Quant au *fonds libre,* la Société le
déposait où bon lui semblait : confié également à la Caisse
des Dépôts et Consignations, il devenait productif d'intérêts, comme le fonds commun. Mais tandis que celui-ci,

(1) Il n'en a pas toujours été ainsi. Le but des sociétés ne devait
d'abord être que l'assurance contre les risques de la maladie. La
loi de 1850 prohibait même les retraites et le décret-loi de 1852
ne les autorisait que si « les sociétés comptaient un nombre
suffisant de membres honoraires ».

destiné au service spécial des retraites, ne pouvait plus
être retiré ni en totalité ni en partie, le fonds libre, qui
n'avait point semblable affectation, était déplaçable à
volonté. Ce système aurait pu peut-être assurer d'heureux résultats si le fonds commun avait été alimenté
par d'importantes et régulières ressources. Mais, constitué par des recettes variables et peu abondantes, il ne
permit jamais de créer un service général de pensions.
Le législateur du 1ᵉʳ avril 1898 s'inspirait du désir de
tous, quand il prescrivait : « les pensions peuvent être
constituées soit sur le fonds commun, soit sur le livret individuel qui appartient en toute propriété à son
titulaire ». (art. 22).

Ainsi deux systèmes aujourd'hui sont autorisés :
le système de la retraite inscrite sur le fonds commun et celui de la retraite inscrite sur livret individuel.

Mais comme dans le premier cas les ressources du
fonds commun ont forcément une limite, au lieu que le
nombre peut croître sans cesse des mutualistes remplissant les conditions d'âge et de temps de sociétariat exigées par les statuts, il en résulte ce fait singulier,
qu'un sociétaire, légalement apte à obtenir une pension, ne peut être que candidat à cette pension. Si, au
moment où il adresse sa demande, le fonds commun
présente des disponibilités budgétaires, la Société la lui
pourra concéder. Si au contraire les disponibilités sont
nulles, il devra attendre le jour où le décès d'un mem-

bre retraité, rendant à la Société des ressources, permettra à celle-ci d'exaucer son vœu. Il est clair qu'avec
ce système un certain nombre de mutualistes ne tou-
cheront jamais de pension. (1) La loi de 1898 a, il est vrai,
modifié quelque peu ce régime : elle autorise les sociétés à *garantir* à leurs membres, sous certaines réserves,
des retraites constituées sur le fonds commun et exigibles dès que les conditions statutaires d'âge, de temps,
etc... sont réalisées ; mais, comme les fonds affectés
spécialement à ce service sont en général peu abondants, le quantum des pensions est nécessairement minime.

Le système du livret individuel, c'est-à-dire pris au
nom du sociétaire et lui appartenant en propre, semble
être plus profitable aux mutualistes. Le livret peut être
demandé soit à la Caisse Nationale des Retraites, soit
à la Caisse autonome que les sociétés ou Unions de
sociétés sont autorisées à fonder. Il est enrichi par
diverses sortes de versements : *a)* une cotisation spéciale que le sociétaire paie lui-même (2) ; — *b)* tout ou
partie des arrérages annuels du fonds commun, selon
les statuts de chaque Société, également répartis entre

(1) Cf. E. Cheysson, *De l'Imprévoyance dans les Sociétés de
Prévoyance*, Paris, 1888, broch. in-8°, et Paul Leroy-Beaulieu,
Traité théorique et pratique d'Economie politique, Paris,
1896, 5 vol. in-8° (tome IV, p. 370).

(2) Ici, comme pour les déposants directs à la Caisse nationale
des Retraites pour la Vieillesse, les versements peuvent être
effectués à capital aliéné ou réservé.

tous les membres (1) ; — c) les excédents éventuels de recettes, tels que donations, legs, etc... — d) une subvention de l'Etat.

A la vérité, la subvention accordée par l'Etat aux Sociétés de secours mutuels profite également aux bénéficiaires de pensions sur le fonds commun et aux titulaires de livrets individuels. Dans l'intérêt des mutualistes, l'Etat intervient en effet par des moyens divers. Déjà en 1852, par le décret-loi du 26 mars, une première dotation se trouva constituée à leur profit : une somme de 10 millions fut prélevée sur le produit de la vente des biens de la famille d'Orléans et placée à la Caisse des Dépôts et Consignations. Jusqu'en 1881, les revenus de ce fonds de dotation, placé au taux de 4,50 %, ont servi à subventionner les sociétés qui avaient effectué des versements à leurs fonds de retraites confiés à la Caisse des Dépôts et Consignations (2). Mais comme le nombre des sociétés et de leurs membres augmentait chaque année, les Chambres ont, depuis 1881, majoré les réserves de cette dotation par des crédits votés et inscrits périodiquement au budget. Le premier crédit ainsi alloué ne s'élevait qu'à 160.000 fr. Il dépasse aujourd'hui 2.700.000 fr. et figure au budget du Ministère du Travail

(1) Les versements, opérés par les sociétés, peuvent également, selon les statuts de chacune d'elles, être faits à capital aliéné ou réservé.

(2) Ces subventions, produites par les arrérages d'une rente une fois constituée, ne figurent pas au budget.

(chapitre XXIII). En même temps il a fallu, par une bonification, compenser la baisse du taux d'intérêt des fonds
placés il y a un demi-siècle à 4,50 °/, à la Caisse des
Dépôts, soit 3.325.000 fr. pour le budget de 1908 (chap.
XXVII du budget du Ministère du Travail). Comme ces
mesures ne permettaient encore de concéder aux mutualistes que des pensions dérisoires (1), l'Etat a prévu,
promis et pris à sa charge des majorations aux retraites
des sociétés de secours mutuels (2). Ces majorations,
opérées selon le barême annexé à la loi de 1898, ont com-
mandé l'inscription au budget d'une somme de 1.250.000 fr.
en 1907 et de 1.275.000 fr. pour 1908 (chap. XXIII (1907)
et XXVI (1908), du budget du Travail) (3). Enfin, depuis
la loi de 1898, l'Etat alloue des subventions aux sociétés
de secours mutuels qui ne constituent pas de retraites
et consacre environ 35.000 fr. aux dépenses diverses
effectuées dans l'intérêt de la mutualité. Par cette solli-

(1) Il ne s'agit ici que des retraites de vieillesse. La sollicitude
de la loi de 1898 pour les retraites mutualistes ne se manifeste
que pour la retraite de vieillesse, à l'exclusion de la retraite,
pourtant tout aussi logique, d'invalidité. (Cf. MAURICE BELLOM,
Les subventions aux Sociétés de Secours mutuels, Rev. polit. et
parlem. mai 1905).

(2) Les majorations devaient en principe s'ajouter à toutes les
pensions inférieures à 360 fr. par an (1 fr. par jour) en vue de
les élever à ce chiffre ou de les en rapprocher. Il s'en faut de
beaucoup que la moyenne des retraites, malgré toutes les mesures
bienveillantes de l'Etat, atteigne même la moitié de cette somme.

(3) Ce crédit voté depuis 1894 n'était jusqu'en 1905 que
de 400.000 francs.

citude de l'État, s'explique en grande partie l'essor si rapide et si heureux de l'idée mutualiste en France depuis une dizaine d'années (1). Dans l'ensemble, la mutualité coûte au contribuable, — chiffres du budget de 1908, — une somme de 7.700.000 fr. (2).

Mais cette constante bienveillance des pouvoirs publics et cette prospérité du mouvement mutualiste ont-elles donné au problème des retraites ouvrières une solution suffisante ? Il ne semble pas ici non plus, malgré les résultats acquis, que la réponse soit douteuse : il n'apparaît point encore que la mutualité ait pu donner l'exemple d'assurer à tous les ouvriers la sécurité de leurs

(1) Voici le tableau de ce développement, d'après les rapports du Ministre de l'Intérieur au Président de la République (sauf pour l'année 1907, dont le rapport n'est pas encore publié et dont nous ne connaissons les chiffres que par les journaux).

Années.	Nombre de sociétés.	Nombre de membres.	Capital.
1860	2.514	359.332	13.618.665 fr.
1870	4.279	632.588	38.093.929
1880	4.790	791.239	71.766.646
1800	6.674	1.091.152	141 678.937
1900	10.804	1.419.693	149.336.446
1901	11.719	1.807 444	158.038.435
1902	12.379	1.987.179	166.141.919
1907	19.000	3.500.000	450.000.000

(2) Cf. JEAN SIGNOREL, *L'Œuvre budgétaire de la troisième République.* (Revue polit. et parlem., oct. et nov. 1905, particuculièrement, p. 277 et sq.). — Dans les chiffres ci-dessus ne sont pas comprises les subventions communales ou départementales, qu'on évalue à plus de 950.000 francs, non plus que les ressources propres des sociétés libres.

vieux jours. Le chiffre élevé des mutualistes ne doit pas faire illusion. Les 3 millions et demi de membres, que comptent les sociétés, comprennent les membres honoraires, dont l'utilité est incontestable, dont le concours est précieux, mais qu'on ne peut considérer comme ouvriers jouissant ou devant jouir des bienfaits de la mutualité. Or, qu'est le nombre des ouvriers mutualistes en comparaison de la totalité des travailleurs français ? D'après le recensement professionnel de 1896, dont les tableaux ont été publiés par les soins de l'Office du Travail (1), il y aurait :

Travailleurs isolés............................	4.299.000
Salariés des établissements....................	9.501.000
Salariés sans emploi fixe..........	259.000
Total..............	14.059.000

On est en droit d'estimer que la mutualité, malgré ses progrès, est encore loin d'englober l'ensemble des classes laborieuses. Certes il est à souhaiter que le nombre de ses membres aille toujours grandissant. Mais les sages principes de la mutualité séduiront-ils tous les ouvriers ? N'est-il pas à craindre que parmi ceux-ci il en demeure toujours d'indécis et même d'hostiles ? Dans les petites villes et les villages, des questions de personnes, l'inintelligence de la fin poursuivie empêchent parfois les salariés d'adhérer à un groupement mutua-

(1) *Bulletin de l'Office du Travail*, 1901, p. 401 et sq.

liste (1). Enfin, il en est de la mutualité comme de la Caisse des Retraites pour la Vieillesse : elle n'assure de pensions qu'à ceux qui, pendant un temps assez long (20, 25, 30 ans selon le cas), ont versé des cotisations. L'idée mutualiste, plutôt que l'institution de la Caisse des Retraites pour la Vieillesse, décidera-t-elle l'ouvrier, naturellement insouciant et peu disposé à l'épargne, à faire toujours ce long effort sur lui-même ? Il faut prévoir chez les membres des sociétés des démissions, des renonciations quelquefois irraisonnées et toujours regrettables. L'exemple des mutualités scolaires atteste le bien fondé de ces craintes. L'admirable mouvement de solidarité, qui a groupé en sociétés mutuelles plus de 600.000 élèves de nos écoles, ne donne pas tous les résultats qu'on en avait espérés. La cotisation infime que demandent ces sociétés (0 fr. 10 par semaine, soit 5 fr. 20 par an), à condition qu'elle fût continuée jusqu'à 55 ans, procurerait, grâce aux subventions de l'Etat, une pension de 130 à 150 fr. aux adhérents. Mais, de l'aveu même du promoteur de l'œuvre, M. Cavé, c'est l'exception que les porteurs de livrets aient continué à faire des versements réguliers après avoir quitté l'école (2).

Enfin, — et cet argument est peut-être le plus décisif, — le taux des pensions servies par les sociétés de secours

(1) Cf. ROBERT JAMET, *Les Retraites ouvrières dans l'Agriculture*, Paris, 1907, in-8°, p. 15.

(2) Cité par LÉONCE RÉJOU, *Les Retraites ouvrières*, Bordeaux, 1903, in-8°, p. 50.

mutuels est trop bas pour subvenir efficacement à tous les besoins de l'ouvrier vieilli et, par là, nuit en quelque manière au succès de l'œuvre : à quoi bon, pense l'ouvrier, consentir pendant vingt ans des sacrifices réguliers, pour n'obtenir qu'une pension dérisoire ? De 1894 à 1899 le quantum de la moyenne des retraites a oscillé entre 71 fr. 15 et 71 fr. 70. Grâce aux sacrifices de l'Etat, il approche de 100 fr. aujourd'hui et environ 120.000 mutualistes sont pensionnés.

Ces résultats — pour heureux qu'ils soient, nous le répétons, — ne permettent pas de dire résolu le problème des retraites ouvrières. Les sociétés de secours mutuels, admirablement organisées pour assurer contre la maladie (1), ne semblent point capables de garantir contre le risque de la vieillesse (2).

(1) A. ALLAIN, *L'Assurance contre la Maladie dans la Mutualité française*, Paris, 1906, in-8°.

(2) Cf. Rapport CLÉMENTEL, sur le budget de l'Intérieur, 1904. On peut ajouter que la bienveillance de l'Etat envers les sociétés de secours mutuels n'est peut-être pas destinée à se prolonger indéfiniment ; les sacrifices consentis par le Trésor ne seront peut-être pas toujours ce qu'ils sont aujourd'hui. « L'éventualité de la baisse du taux de l'intérêt étant toujours à redouter, les mutualistes ne sauraient compter, dit M. BELLOM, sur le maintien indéfini du taux de faveur » (4 1/2 °/₀), qui leur est garanti par la subvention spéciale de l'Etat (Revue polit. et parlem. mai 1905). Le jour où l'Etat cesserait de leur verser cette bonification d'intérêt, est-il à croire que le taux des pensions n'en ressentirait pas une atteinte et une diminution considérables ?

V

Caisses patronales et privées.

L'intervention de l'Etat n'est pas la seule qui concoure à la formation de retraites ouvrières. L'initiative privée a suivi cet exemple, et parfois l'a devancé. Les directions de certaines grandes entreprises industrielles ont constitué des caisses de retraites au profit de leurs salariés.

Le fonctionnement de ces caisses est soumis à la loi du 27 décembre 1895. Afin d'éviter que leur actif ne soit, en cas de faillite de l'entreprise, réclamé par les créanciers (1), la loi donne aux assurés un droit primordial à la restitution ou à la conservation de toutes les sommes versées par eux, par le patron ou par des tiers, en vue de la retraite ou de toute autre institution de prévoyance. Pour mieux consacrer ce principe, la loi impose aux chefs d'entreprises l'obligation de verser à une caisse différente des leurs et offrant toute garantie, les sommes destinées à ces fins humanitaires. Ainsi réglementées par la loi, un certain nombre de caisses patronales se sont créées ou reconstituées.

Plusieurs chefs d'entreprises ont pensé que le plus simple était d'assurer le service des retraites en munis-

(1) Le fait s'était produit en 1890 lors de la faillite du Comptoir d'Escompte de Paris.

sant l'ouvrier d'un livret individuel de la Caisse Nationale des Retraites pour la Vieillesse. Selon les cas, et
avec une variété infinie dans le détail de l'organisation,
les versements sont effectués tantôt par le patron et
l'ouvrier, tantôt par le patron seul. De l'enquête faite
en 1898 par l'Office du Travail sur les Caisses patronales de retraites, il ressort que la moyenne des versements annuels est de fr. 44,30 par livret (le minimum
était de fr. 31,40 dans l'industrie métallurgique, le maximum de fr. 143,50 dans les fonderies et constructions
mécaniques). Or, d'après les tarifs de la Caisse Nationale
des Retraites pour la Vieillesse, un tel versement commencé à 30 ans et continué avec régularité donne à
capital aliéné à 50 ans une rente de 107 fr. 65, à 60 ans
de 294 fr. 60, enfin à 65 ans de 516 fr. (1).

Ailleurs, le service des retraites est assuré par l'affiliation des ouvriers à une caisse privée, mais reconnue,
qui assure des retraites (caisse de société de secours
mutuels, caisse de retraite spéciale à l'entreprise, etc...).
Les versements sont opérés de même tantôt par le patron
et l'ouvrier simultanément, tantôt par le patron seul. Le
droit à pension est acquis, selon le cas, de 40 à 70 ans,
le plus souvent à 65 ; des pensions d'invalidité sont en
général servies ; le quantum en varie d'un établissement à l'autre ; la moyenne est de 288 fr. Contrairement
aux usages de la Caisse Nationale des Retraites pour la
Vieillesse, la reversibilité des pensions sur les veuves

---

(1) Nous citons les chiffres de la rente produite par l'aliénation
du capital, parce que ce cas est le plus fréquent.

et orphelins n'est prévue que très exceptionnellement.

Ces institutions ne sont malheureusement qu'en nombre assez restreint. Si l'on excepte les ouvriers des
Compagnies de chemins de fer (200.000), les ouvriers et
employés des manufactures, magasins, dépôts et entreprises de l'Etat (38.000), et les cantonniers (42.000), qui
sont titulaires de livrets individuels (1), on ne compte
guère qu'un peu plus de 105.000 salariés qui participent
à des institutions patronales privées (2). La raison en
est assez claire. La gestion, l'existence même de ces
caisses suscite des complications que seuls les établissements puissants sont capables de supporter (3). La

(1) Les ouvriers des manufactures de l'Etat sont titulaires de
livrets pris à la Caisse Nationale des Retraites pour la Vieillesse.
Les livrets sont alimentés uniquement par des versements de
l'Etat. Le personnel des Compagnies de chemins de fer est, en général, assujetti à une retenue sur la solde et bénéficie de versements importants faits par les Sociétés. On a calculé que sur
65 millions de subventions que les Compagnies reçoivent aujour-
d'hui de l'Etat, 40 sont consacrés à la retraite des ouvriers et employés (V. P. SOULIER, *Les Institutions de retraites des Compa-*
gnies de chemins de fer, Paris, 1900, in-8°).

(2) PASCAL VITALI, *La question des retraites ouvrières devant*
le Parlement français, Grenoble, 1904, in-8°, p. 6.

(3) Cette observation, qui est vraie dans le cas où le patron
prend pour ses ouvriers des livrets à la Caisse des Retraites
Nationales pour la Vieillesse, l'est bien plus encore dans le cas
où il fonde lui-même une caisse de retraites privées. Les plus
importantes des institutions de ce genre sont celles des Compagnies
de chemins de fer. Or, malgré leur situation prospère, plusieurs
de nos grandes Compagnies (P. L. M., Nord, Orléans) se sont
partiellement déchargées du service des pensions sur la Caisse
Nationale des Retraites.

grande industrie peut seule assumer une telle charge.
Il n'existe de caisses patronales que dans les entreprises
employant au moins 50 ouvriers. Et, parmi ces établissements, les sociétés anonymes figurent dans la proportion de 43 %, les sociétés en nom collectif dans celle de
26 %. Les industries les plus représentées sont la métallurgique et la textile, qui sont par essence des industries de grand développement. Il suit de là deux conclusions : d'abord que les travailleurs qui participent à
ces institutions patronales sont précisément ceux qui
reçoivent les salaires les plus élevés, la rétribution du
travail étant en général plus haute dans les grandes
exploitations que dans les petites ; en second lieu, qu'un
nombre considérable de salariés restent en dehors du
bénéfice de ces institutions. A ne considérer que les
entreprises industrielles, recensées en 1898 par l'Office
du Travail, 229 établissements seulement, comprenant
115,896 affiliés, possèdent des caisses de retraites sur
296.797 entreprises comptant 2.673.000 ouvriers. En sorte
que 8 % seulement des établissements et 4,35 % des
ouvriers possèdent ces institutions. En tenant compte
des erreurs, omissions, augmentations possibles, il ne
semble pas que la proportion des salariés s'élève aujour-
d'hui à plus de 6 ou 7 %.

Ces chiffres disent assez haut combien peu l'établissement des Caisses patronales, pour utile et louable qu'il
soit, répond au problème de l'assurance ouvrière et au
vœu des classes laborieuses.

CHAPITRE III

**Insuffisance des institutions existantes.
Nécessité d'une organisation nouvelle.**

CHAPITRE III

Insuffisance des institutions existantes.
Nécessité d'une organisation nouvelle.

Si nous récapitulons l'ensemble des travailleurs, actuellement admis au bénéfice des diverses institutions de prévoyance que nous venons de passer en revue, nous pouvons composer le tableau suivant :

Inscrits maritimes	120.000
Ouvriers mineurs (loi du 29 juin 1894) environ.......	175.000
Rentiers de la Caisse nationale des Retraites pour la Vieillesse (au 31 décembre 1905, comprenant les ouvriers des manufactures de l'Etat et les cantonniers) (1)...	279.380
Titulaires de retraites des sociétés de secours mutuels (en 1907)...	120.000
Ouvriers et employés de l'Industrie des transports....	200.000
Participants aux institutions patronales privées......	115.000
TOTAL............	1.009.380

Mais ce chiffre peut être a‹   ι nombre des salariés, non encore titulaires de p   ‹s, mais porteurs de livrets de retraite de la Caisse nationale des Retraites

---

(1) Et contenant aussi des gens qui ne sont à aucun titre des salariés. Nous prenons cependant le chiffre total.

pour la Vieillesse ou participants à des sociétés de
secours mutuels qui font la retraite. En 1898, les statistiques de l'Office du Travail évaluaient ce nombre à
1.169.240. Grâce aux progrès du mouvement mutualiste,
il semble que ce total puisse être porté aujourd'hui à
près de 2 millions. A supposer que cette évaluation soit
exacte, il n'y aurait de la sorte, en France, que 2 millions environ de salariés, sur 14 millions, qui fussent
assurés de toucher une retraite sur leurs vieux jours.
Sans doute, de ces 14 millions, beaucoup n'atteindront
pas la soixantaine. Il n'en reste pas moins qu'un nombre
élevé de travailleurs, arrivés à l'âge de vieillesse,
sont exposés à n'avoir d'autres ressources que celles de
l'Assistance. C'est que, malgré les grands efforts déjà
tentés, l'œuvre demeure incomplète. Le grave problème
des retraites ouvrières reste sans solution satisfaisante.

.*.

Mais, dira-t-on, c'est une question de savoir si le problème, pour intéressant qu'il soit, présente réellement
ces caractères d'urgence et de gravité qu'on lui prête.
De tant d'ouvriers qui travaillent à l'âge adulte et pendant l'âge mûr, un si grand nombre parvient-il à la
vieillesse, qu'il soit nécessaire d'étudier si longuement
la question et d'y chercher toutes les solutions possibles ? Est-il indispensable de provoquer des lois nouvelles et de créer en France une organisation spéciale ?
Sait-on si le nombre de bénéficiaires de l'institution
promise ne sera pas infime ?

A cette question préjudicielle, il serait d'abord aisé de répondre, qu'assurer sans recours à l'assistance ou la charité leurs vieux jours à un nombre, même restreint, d'ouvriers n'est pas une recherche indigne d'une grande démocratie. Après tant d'années consacrées à des travaux, qui plus ou moins directement ont servi la grandeur du pays, il apparaît que les ouvriers ont droit à quelque bienveillance. L'expérience montre que les institutions existantes ne suffisent pas à leur assurer le concours qu'ils sont fondés à attendre. Et le nombre de ceux qui parviennent à l'âge où le labeur quotidien devient pénible, sinon impossible, est en fait bien plus élevé qu'on ne le dit.

Les tables anciennes de mortalité, dressées par Deparcieux, et les tables plus modernes de la Caisse Nationale des Retraites ne peuvent guère nous aider à fixer ce chiffre. Elles s'appliquent à l'ensemble de la population. D'après les dernières, sur 1.000 jeunes gens, pris dans leur vingt-cinquième année, il n'en reste plus que 742 à l'âge de 55 ans, 665 à 60 ans, 571 à 65 ans. Pour les salariés de l'industrie la mortalité est certainement plus forte, double peut-être. Il serait utile de posséder des tables de mortalité par professions. Le Ministère du Travail, occupé à composer ces tables, ne les a pas encore publiées.

Nous n'avons que des renseignements fragmentaires. D'abord les statistiques construites par les Compagnies d'assurance sur la vie (1). Mais les chiffres qu'elles éta-

(1) Documents publiés dans *l'Annuaire du bureau des longitudes*, 1893.   4

blissent concernent une population de gens aisés, de
rentiers, trop distincts de la masse des ouvriers, pour
que nous puissions raisonnablement faire état de ces
documents. Les assurés des Compagnies sont de plus le
produit d'une sélection médicale ; avant de conclure
l'assurance, la Compagnie, cherchant à éviter le plus
possible les chances de mort chez ses clients, soumet
ceux-ci à une sorte d'examen d'aptitude physique. Il
est clair que la durée moyenne de l'existence, constatée
par ces tables, est supérieure à la durée réelle de la vie
des travailleurs exposés aux risques de métiers souvent pénibles et dangereux.

Le docteur Bertillon est l'auteur d'un travail du même
genre, mais s'appliquant uniquement à la population pari-
sienne (1). Il est manifeste que ces renseignements ne peuvent non plus nous donner des éléments certains d'appré-
ciation. Trop de professions, qui ne sont pas représentées
dans Paris, n'ont pu être étudiées. En revanche d'autres,
qui n'existent que là, ont pu influer sur la formation
des moyennes. Il est impossible d'accepter pour toute
l'étendue du pays des chiffres aussi sujets à caution.

Plus instructif est le tableau dressé en 1896 au cours
des opérations concernant le recensement professionnel
de la population française. Il fut alors constaté que les
travailleurs des professions industrielles, commerciales et agricoles se classaient, d'après leur âge, comme
l'indique le tableau suivant :

(1) Cf. Tableaux graphiques, 3ᵉ Congrès International d'actuaires, Paris, 1900.

NATURE des PROFESSIONS.	TOTAL.	MOINS de 18 ans.	De 18 ans à 54 ans.	De 55 ans à 59 ans.	De 60 ans à 64 ans.	De 65 ans et plus.
Agriculture, pêche, forêts..	4.095.000	866.000	2.636.000	177.000	125.000	291 000
Industries, transports.....	4.844.000	538.000	3.755.000	217.000	151.000	183.000
Commerce............	758.000	92.000	604.000	25.000	18.000	19.000
TOTAUX GÉNÉRAUX.	9.697.000	1.496.000	6.995.000	419.000	294.000	493.000

Si nous additionnons entre eux les totaux des co-
lonnes contenant le nombre des salariés d'âge égal ou
supérieur à 55 ans, nous observons que 12 à 13 %, environ du nombre total observé appartient à cette catégorie. Encore le tableau ci-dessus ne donne-t-il ce rensei-
gnement que d'une manière en quelque sorte brute ; si,
sur un ensemble de dix millions environ de travailleurs,
le huitième est d'âge égal ou supérieur à 55 ans, notre
tableau ne nous dit pas quelle proportion cette quantité
renferme de salariés comptant 20, 25 ou 30 ans de travail. Le tableau n'indique pas aussi exactement qu'on
le souhaiterait combien ce huitième représente de survivants d'une population laborieuse, dont la besogne
aurait commencé à 20, 25 ou 30 ans.

A l'étranger, en Angleterre et en Suède, des tables
existent, qui peuvent nous être d'une plus précieuse
utilité. En 1898, *The national Committee of Organised La-*
bour for promoting Old Age Pensions for All publia les
résultats d'une première enquête (1). Il faut, pour les
bien comprendre, les rapprocher du tableau de la répartition de la population en catégories professionnelles.
Des statistiques décennales dressent régulièrement ce
tableau. Elles ne portent que sur les individus âgés
de plus de 10 ans. En 1901, elles présentaient les
chiffres suivants pour l'Angleterre et le pays de Gal-

(1) *First Annual report of the National committee, etc...*
p. 6, 7, 8.

les à l'exclusion des autres parties du Royaume-Uni (1).

Professions libérales.........	972.685 Individus
Domestiques...........................	1.994.917 —
Commerce. . ...,......	1.858.454 .--
Agriculture et pêche...................	1.152.493 —
Industrie....,.................,......	8.330.176 —
Sans professions.....................	10.995.117 —
TOTAL..........	25.323.844 Individus

En exceptant la dernière catégorie, qui comprend notamment les rentiers, les femmes des industriels commerçants, médecins, avocats, officiers, employés, etc., qui n'ont d'autres besognes que les soucis domestiques, on peut considérer que le nombre des travailleurs, âgés de 10 ans au moins, s'élève à 14 ou 15 millions (2). Or, sur ce chiffre, l'enquête du *National Committee* révèle que deux millions d'individus ont atteint ou dépassé l'âge de 65 ans, soit une proportion un peu supérieure à 14 °/₀ (3).

(1) Nous empruntons ces chiffres au *Statesman's Year-Book*, 1907, p. 20.

(2) Nous supposons invariable, pour la commodité de notre démonstration, le chiffre de la population, de 1898 à 1901. En tout état de cause, la variation a du reste été peu sensible.

(3) En étudiant de plus près encore les statistiques on constate que sur ces deux millions d'individus « un tiers possède des ressources suffisantes, un tiers constitue l'armée des mendiants inscrits sur les listes officielles des assistés, enfin le dernier tiers lutte contre la misère avec l'énergie du désespoir, pris entre le danger de mourir de faim et la honte de figurer sur les registres

Pour l'ensemble de la Grande-Bretagne, les *Friendly Societies*, analogues à nos Sociétés de secours mutuels, ont construit le tableau suivant (1) :

A GE	DISTRICTS RURAUX, URBAINS ET DE GRANDES VILLES				
	Nombre de membres exposés aux risques	DÉCÈS	Semaines de maladies	Mortalité pour 0,0	Maladies par membre et par an
20 ans	250.877	856	128.942	0.567	855
30 —	281.125	2.184	237.461	0.777	1.023
40 —	212.530	2.455	312.064	1.155	1.468
50 —	111.242	2.115	266.276	1.901	2.394
55 —	77.792	2.163	261.716	2.780	3.364
60 —	52.458	2.051	271.372	3.910	5.753
65 —	33.592	1.919	293.261	4.713	8.730
70 —	16.840	1.359	243.508	8.070	14.460

D'autre part, M. Sven Palme, délégué du Gouvernement suédois, a calculé que sur 1.000 ouvriers exerçant les métiers les plus répandus, on trouvait annuellement les nombres proportionnels suivants, représentant les décès aux différents âges :

des bureaux de secours » (C. Sansas, *Les pensions pour les vieillards en Angleterre*, Rev. polit. et parlem. juin 1901, p. 581).

(1) Cité par L. Mainoie, *L'assurance contre le risque d'invalidité*, 3ᵉ Congrès international d'actuaires, Paris, 1900.

De 45 à 50 ans il y aurait 14.7 décès
— 50 à 55   —   18.5 —
— 55 à 60   —   23.8 —
— 60 à 65   —   32.9 —
— 65 à 70   —   48.6 —
— 70 à 75   —   82.3 — (1)

Ce pourcentage est très voisin de celui qu'ont établi les *Friendly Societies* anglaises. A partir de 50 ans la ressemblance est particulièrement grande entre les deux tableaux.

Les actuaires allemands donnent de même des résultats approchants. Dans le cours d'une année, sur 1.000 ouvriers observés, valides et de différents âges, ils observent :

à 20 ans..................... 1.02 décès
à 40 — .... 1.78 —
à 45 — .... 2.96 —
à 50 — .... 5 90 —
à 55 — .... 13.27 —
à 60 — .... 31.68 —
à 65 — .... 77.75 —
à 70 — .... 192.98 —
à 75 — .... 481.22 — (2)

de 65 ans. Ce sont les chiffres auxquels s'arrêtait en 1900 le premièr rapport Guieysse.

Sans doute ce ne sont là que des calculs vraisemblables. Il serait dangereux d'affirmer leur rigoureuse exactitude. Il paraît possible de les accepter comme contenant des éléments probables de vérité.

Or la réponse qu'ils fournissent à la question, que nous nous étions posée, prouve surabondamment que le problème des retraites ouvrières intéresse un nombre élevé de travailleurs, un nombre assez grand pour qu'il soit de la dignité de l'Etat de chercher à une aussi grave question une solution que les particuliers ne paraissent pas avoir découverte.

CHAPITRE IV

Les solutions du problème des retraites ouvrières à l'étranger.

CHAPITRE IV

Les solutions du problème des Retraites ouvrières à l'Etranger

---

Dans les pays étrangers, le problème s'est également posé d'assurer aux travailleurs une rente viagère d'invalidité ou de vieillesse. Les solutions adoptées ou préconisées peuvent se ramener à trois types différents [1]. Le premier consiste à tout attendre de l'initiative privée sans solliciter l'intervention de l'Etat ; les intéressés pourvoient eux-mêmes à leurs retraites par leurs propres ressources, par la libre association de leurs efforts et de leurs capitaux : c'est le système de la *pure liberté*. Dans les deux autres cas, l'individu est considéré comme peu préparé et impuissant à résoudre seul la diffi-

---

[1] Cf. Exposé des motifs du projet de loi Louis RICARD, *Journal Officiel*, Doc. parl., Chambre, 1889, annexes, n° 878 ; — surtout G. SALAUN, *Les solutions du problème des retraites à l'étranger* (Revue pol. et parl., avril 1901) et J. LEFORT, *Les Caisses de Retraites ouvrières*, Paris, 1906, 2 v. in-8°.

culté ; dans l'un, l'Etat encourage seulement les travailleurs à pratiquer l'épargne et la prévoyance, il
récompense ceux qui ont foi en ses conseils par des
subventions pécuniaires, des majorations de pensions,
etc... ; il n'exerce aucune influence directe sur leur
action ; les ouvriers demeurent libres de ne pas suivre
les avis qui leur sont donnés : c'est le système que
l'on a appelé *système interventionniste* : l'Etat intervient
pour aider les ouvriers prévoyants de ses conseils et de
ses allocations ; la mesure dans laquelle il agit reste
d'ailleurs indécise et illimitée. Dans le dernier système,
l'ouvrier est considéré comme trop faible ou trop peu
prudent pour suivre les avis donnés ; la loi l'oblige, au
nom de l'intérêt social, à pratiquer la prévoyance ;
l'Etat réglemente même les conditions d'une assurance
contre la vieillesse ou la maladie et participe effectivement de ses deniers à leur exécution. C'est le *système
de l'assurance et de la prévoyance obligatoires.*

I

Angleterre.

Le système de la pure liberté n'existe à l'état parfait à peu près nulle part, si ce n'est peut-être aux Etats-Unis. Il suppose du reste deux conditions assez rarement réalisées et unies : d'une part un état de prospérité générale et des salaires élevés, d'autre part une éducation très avancée du sentiment de la prévoyance chez les salariés.

L'Angleterre est certainement la nation où, dans tous les domaines, les initiatives privées ont toujours été les plus hardies et les plus fécondes. C'est la terre classique de la liberté, le pays heureux où l'effort personnel s'épanouit le mieux. Pourtant, il est demeuré à peu près impossible que le problème des retraites ouvrières y reçoive sa solution sans nulle intervention de l'Etat. Il y aurait abus de langage à soutenir qu'en la matière le système de la pure liberté triomphe. Et d'abord, la Grande-Bretagne possède depuis le 14 juillet 1861 une Caisse d'assurances d'Etat, gérée par l'administration des Postes, la *Post Office Savings Bank :* elle fait des opérations d'assurance à la fois en cas de décès et de survie. Elle n'a pris, il est vrai, qu'un développement infime. Un rapport officiel, publié en 1886, donne comme moyenne annuelle de ses opérations de 1879 à 1884 :

255 contrats d'assurance en cas de décès ;

876 contrats de rente viagère immédiate ;

66 contrats de rente viagère différée (1).

Les pensions ouvrières sont plutôt servies par l'inter-médiaire de groupements libres, les *Trade-Unions*, semblables à nos syndicats professionnels, et les *Friendly Societies*, qui tiennent lieu, comme nous l'avons vu, de Sociétés de secours mutuels.

Les Trade-Unions, fondés en Angleterre dès 1824, n'eurent d'abord en vue que la défense des intérêts pro-fessionnels de leurs membres (2). Mais dès le milieu du siècle passé plusieurs de ces associations élargirent leur rôle. Leur exemple fut assez généralement suivi : elles entreprirent de fournir à leurs affiliés des indem-nités de chômage, des secours funéraires, des soins médicaux, des secours en cas d'accidents, des pensions de retraite en cas d'invalidité prématurée ou de vieil-lesse. Une centaine d'Unions sur 250 environ pratiquent aujourd'hui la retraite-vieillesse ou la retraite-invalidité. Les conditions d'obtention sont variables suivant les statuts de chacune. Toutefois les dépenses commandées

(1) *Bulletin de l'Office du travail*, décembre 1895.

(2) SEIGNOBOS, *Histoire politique de l'Europe contemporaine*, Paris, 1897, in-8°, p. 44 et sq. — SIDNEY WEBB, *History of Trade Unionism*, London, 1894, in-8°. — DE ROUSIERS, *le Trade Unionisme en Angleterre*, Paris, 1897, in-12.

par ce service, bien qu'elles dépassent souvent en importance les dépenses afférentes à l'objet propre de l'Union (1), demeurent subsidiaires; leur acquittement n'est ni sûr ni fixe; il suffit d'une crise grave dans les conditions du travail, d'une grève prolongée par exemple, pour tarir les sources de revenus ou absorber les ressources des Unions et suspendre le paiement des pensions. Un autre danger menace le service de ces retraites : les Unions n'ont pas de capitaux abondants ; elles vivent et se maintiennent d'année en année grâce à un heureux équilibre des recettes et des dépenses ou parfois grâce à un excédent plus heureux des premières sur les secondes. Mais même dans ce cas, il n'est guère possible aux Unions de constituer des réserves importantes ; elles assurent le service des pensions à peu près exclusivement à l'aide de leurs recettes annuelles. Jusqu'à présent celles-ci ont suffi aux besoins : le nombre des adhérents a suivi une constante progression et, comme ils sont pour la plupart des jeunes gens, le nombre des retraites n'a augmenté que faiblement ; pendant une quinzaine ou une vingtaine d'années encore, il restera peu élevé. Jusque là le service des pensions

(1) Encore cela n'est-il vrai que si l'on n'a égard qu'au budget particulier de chaque Union. Si du particulier on s'élève au général et qu'on considère l'ensemble des budgets des Unions, on est amené à conclure qu'une faible partie de leurs ressources est consacrée aux retraites. En 1890, sur 862.000 Livres st., dépensées par 259 associations, 87.000 seulement l'ont été pour le service des pensions (GASTON SALAUN, *op. cit.*).

pourra sans doute être assuré. Mais quand le recrutement des Unions restera stationnaire et qu'au contraire
augmentera chaque année le nombre des membres âgés
ayant droit à pension, il est clair que le service ne se
pourra maintenir qu'au prix d'une élévation très sensible des cotisations ou d'une diminution du quantum
des retraites. Il y a là un péril éloigné mais certain,
d'autant plus redoutable que les cotisations annuelles
ne peuvent être de beaucoup augmentées, — des exi-
gences trop hautes risqueraient d'écarter trop de membres, — et que le chiffre des pensions, même actuellement,
n'est pas considérable. Parmi les associations qui servent
les pensions les plus hautes, l'Union des mécaniciens
donne de 7 à 10 sh. par semaine (455 à 650 fr. par an) ;
l'Union des constructeurs de machines 6 à 10 sh. (390 à
650 fr. par an) ; l'Union des compositeurs d'imprimerie
de Londres 4 à 8 sh. (260 à 520 fr. par an), etc. Les autres Unions n'assurent que des retraites moindres. Il
convient donc de ne pas exagérer l'importance des
avantages que peut assurer l'existence des Unions aux
ouvriers désireux de pourvoir à la sécurité de leur
vieillesse.

Les *Friendly Societies* ont commencé il y a quelques
années seulement à s'occuper de retraites. Théoriquement leurs attributions sont très vastes et capables de
satisfaire aux vœux les plus divers : elles peuvent garantir leurs sociétaires contre tous les risques. Par là
s'explique en partie leur développement immense ; elles

groupent aujourd'hui plus de 9 millions de membres.
Pratiquement ces sociétés se bornent à distribuer des
secours en cas de maladie ou à payer une somme déterminée en cas de décès. Cependant il existe des Sociétés mutuelles annuelles qui assurent leurs membres
contre la maladie pour le terme d'une année ; une
vingtaine d'entre elles, majorant le montant des cotisations, ont réussi à se constituer un fonds de retraites (1).
Enfin, des *Industrial Companies*, moyennant le paiement
de primes hebdomadaires très minimes, garantissent
après un nombre déterminé d'années le paiement d'un
petit capital (235 fr. en moyenne) à leurs membres survivants.

Mais, comme l'on voit, il y aurait une véritable exa-
gération à prétendre que ces combinaisons résolvent
intégralement le difficile problème des retraites. Trop
précaires sont les pensions servies par les Trade-Unions,
trop peu nombreuses les Friendly-Societies qui pratiquent la retraite. Aussi est-il naturel que beaucoup s'é-
loignant de la vieille doctrine du *self-help* aient songé à
faire appel au concours de l'Etat pour suppléer à l'insuffisance manifeste de l'initiative privée. La propagande a surtout été menée depuis une vingtaine d'années

(1) GASTON SALAUN, *op. cit.* (Rev. pol. et parlem., avril 1901).
Quelques sociétés, il est vrai, trop aventureuses, ne semblent pas à
l'abri du reproche articulé contre les Trade-Unions : leur situation,
écrit M. J. Lefort, ne paraît pas exempte de dangers, à raison du
caractère excessif de leurs engagements (*op. cit.* I, p. 171).

par la *National Provident League*. Dès 1885, une commission, nommée à son instigation par la Chambre des
Communes, fut chargée de rechercher le meilleur
système d'assurance et de prévoyance contre les risques
des travailleurs ; elle examina particulièrement le projet du Rev. Blackley, chanoine honoraire de Winchester,
qui proposait un programme d'ensemble d'assurance
contre la maladie, l'invalidité et la vieillesse. Par l'obligation imposée à tous les individus des deux sexes âgés
de 18 à 21 ans, salariés ou non, de verser une somme de
10 Livres st., le Rev. Blackley garantissait aux travailleurs une indemnité de 8 sh. par semaine en cas de maladie et une pension de 4 sh. par semaine à 70 ans révolus.
Les Friendly-Societies firent à cette proposition une
guerre acharnée ; elles montrèrent, et non sans raison,
à quelles difficultés, à quelles impossibilités se heurtait
un projet qui exigeait de tous, en trois ans, le paiement
d'une somme relativement élevée et ne garantissant
une vieillesse-retraite fort lointaine et médiocre. En
1891, sur une motion de M. Howard-Vincent, inspirée
par la *National Provident-League*, une grande enquête
fut entreprise sur l'état de la question dans les pays
étrangers. En même temps M. J. Chamberlain, l'ancien
Ministre des Colonies, élaborait le projet, qui parut le
16 mars 1892 et auquel il attachait son nom (1) : aurait

(1) E. MARTIN SAINT LÉON, *Une réforme sociale en Angleterre*,
Paris, 1900, in-12. — Cf. aussi plusieurs articles dans les grandes
revues, *The Economic Journal* et *Political Science Quaterly*.

droit à pension, à 65 ans révolus, tout affilié qui aurait
effectué avant l'âge de 25 ans un premier versement de
5 Livres st. à capital réservé ou de la moitié de cette somme
à capital aliéné, et ensuite 40 versements annuels de
1 Livre st. à capital réservé ou de 10 sh. à capital aliéné.
Ces versements devaient produire une rente viagère de
325 fr.; celle-ci aurait été majorée par une contribution
de l'Etat, proportionnellement au total des sommes versées, sans que le montant de la pension ainsi constituée
pût dépasser 650 francs. Le projet ne fut point voté par
le Parlement ; aussi bien comportait-il, comme le précédent, un versement initial trop considérable pour que
le bénéfice en pût être étendu à un grand nombre de
travailleurs. Son économie en limitait l'application à
une élite, les mieux payés du monde ouvrier (1). Deux
tentatives stériles se succédèrent de même en 1893 et
1896 pour faire élaborer par une commission parlementaire un projet de législation des retraites. En 1898, Sir
Robert Walpole proposait de faire majorer par l'Etat et
de porter à 5 sh. au maximum les pensions des travailleurs âgés de 65 ans et s'élevant au moins à 2 sh. 6 d.
Enfin, le 24 avril 1899, la Chambre des Communes ins-
tituait une Commission chargée d'apporter au problème
une solution acceptable.

(1) A titre documentaire, nous citerons le projet à peu près
contemporain de M. Ch. Booth. Développé dans une communi-
cation à la *Royal Statistical Society*, ce projet tendait à faire
allouer par l'Etat une pension de 5 sh. par semaine à tout individu,

La Commission, présidée par M. Henry Chaplin, déposait un rapport le 26 juin suivant ; elle concluait à accorder une pension de 5 à 7 sh., par semaine, — selon que le bénéficiaire habite la campagne ou la ville, — à tout individu âgé de 65 ans, qui ne possède pas un revenu dépassant 10 sh., par semaine, qui n'a pas depuis 20 ans encouru de peines d'emprisonnement, n'a pas reçu le *poor relief* ni d'autres secours de l'assistance publique que les soins médicaux, si ce n'est à titre exceptionnel, et qui s'est toujours efforcé par son labeur et ses habitudes d'économie de pourvoir au sort de sa vieillesse et des personnes qui dépendent de lui. On tiendrait compte de l'affiliation de l'intéressé à une Société d'épargne ou de Secours mutuels ou des économies qu'il posséderait personnellement, pour proportionner le chiffre de la pension à son propre effort. Proposition ingénieuse assurément, mais qui, n'exigeant aucun concours de l'intéressé, aurait, comme on l'a justement fait observer (1), le défaut grave de présenter la pension comme un don de l'Etat, une sorte de récompense nationale et non point comme l'heureux succès de prévoyants efforts et le produit de l'équitable association, en vue d'une œuvre de justice sociale, des travailleurs, des patrons et de l'Etat. Il a paru, sinon aux ouvriers, du moins à une partie de l'opinion, que

Âgé de 65 ans, sans autres conditions. (Cf. C. SANSAS, *op. citat.* Revue. pol. et parlem., juin 1901).

(1) GASTON SALAUN (Rev. pol. et parlem., avril 1901).

leur collaboration était nécessaire à une œuvre qui les
touche de si près. Le projet de la Commission n'a
point semblé répondre aux préoccupations de tous ceux
qui s'intéressaient à la question des retraites. La solution fut à nouveau ajournée et n'en demeura peut-être
que plus ardemment souhaitée. Le Congrès annuel des
Trade-Unions de 1902, plus pressé sans doute de voir la
loi votée que d'en élaborer l'économie, adoptait l'ordre
du jour suivant : « Le Congrès invite énergiquement le
Gouvernement à établir un système de pensions de vieillesse qui devra s'appliquer universellement à tous les
citoyens, hommes ou femmes ayant atteint l'âge de
60 ans. La pension sera d'au moins 5 sh. par semaine.
Les frais en seront à la charge exclusive de l'Etat qui
les recouvrera entièrement au moyen de l'impôt » (1).

Le 12 avril 1905, M. Channing et trois députés ouvriers
déposaient un projet de Bill construit sur ces bases.
Au mois de mai 1907, la Chambre des Communes ren-
voyait à une Commission financière une nouvelle proposition du même genre (2). Enfin au mois de septembre

(1) *Bulletin de l'Office du travail*, déc. 1902.
(2) En voici les traits essentiels : dès la première année de la
mise en vigueur de la loi, une pension de 5 sh. sera payée à
tous les citoyens pauvres âgés de 75 ans révolus; la deuxième
année la limite d'âge sera abaissée à 70 ans et la troisième année
à 65 ans. Les fonds nécessaires seront fournis pour les neuf
dixièmes par le budget et l'autre dixième par les municipalités.
Les arrérages seront payés individuellement aux titulaires dans
les bureaux de poste. On estime que les dépenses atteindront

suivant le 40ᵉ Congrès des Trade-Unions, tenu à Bath, s'engageait, au nom des 1.700.000 membres des Unions, à inaugurer une agitation méthodique dans tout le Royaume-Uni, à organiser manifestations et meetings, « jusqu'à ce que les vétérans de l'industrie aient obtenu une pension raisonnable ».

L'Angleterre n'est donc pas la terre rêvée de la prévoyance librement organisée et largement suffisante à contenter tous les désirs. Loin que les efforts heureux, que les particuliers ont tentés, aient résolu le problème dans toute sa complexité, il y a aujourd'hui dans la terre classique du *self-help* un mouvement évident en vue d'une organisation étatiste (1).

125 à 160 millions de fr. pour la première année, 300 à 310 pour la seconde, 350 à 500 pour la troisième.

(1) Dans le discours du Trône lu à Westminster, le 29 janvier 1908, la promesse suivante vient d'être formulée : « En rapport avec les arrangements financiers de l'année, des propositions vous seront soumises dans le but de prendre de meilleures dispositions en faveur des vieillards, et une législation spéciale vous sera proposée. »

II

Etats-Unis.

Ce sont plutôt les Etats-Unis qui nous offriraient aujourd'hui le meilleur exemple de l'application du système de la liberté (1). Toutefois la vie ouvrière s'exerce au-delà de l'Atlantique dans des conditions assez différentes de ce qu'elle est en Europe. De ce qui se passe dans la grande République américaine il serait prématuré et dangereux de tirer à notre usage des conclusions absolues. Si les Etats-Unis présentent cette originalité de compter un nombre infime de caisses ou organismes de retraites ouvrières proprement dites, ils possèdent une population nourrie, pénétrée des idées d'assurance et de prévoyance ; l'ouvrier américain est peut-être le plus prévoyant du monde, et, sans doute aussi, il est le mieux payé. De là le caractère particulier des institutions américaines pratiquant la retraite.

L'ouvrier, répugnant à s'adresser à la *Poor House*, s'assure spontanément contre les risques de maladie, accident ou décès. Il s'impose souvent des cotisations

(1) Lefort, *op. cit.*, tome I, p. 197 et sq. — E. Levasseur, *L'ouvrier américain*, Paris, 1898, 2 vol. in-8°.

ou des primes, qui, en France paraîtraient élevées, 90, 115, 130 francs. Il s'affilie tantôt à un syndicat *Labor Organisation, Trade-Union,* tantôt à une association de Secours mutuels (*Benefit Society, Friendly Society, Fraternal Beneficiary Order*). Les syndicats limitent en général leur action à l'élévation des salaires et à la distribution d'indemnités en cas d'invalidité. Les associations de Secours mutuels promettent des retraites, mais souvent à un âge fort avancé (70 ans). Aussi est-ce en dehors de ces organismes que l'ouvrier américain cherche le plus volontiers à s'assurer contre les risques de son état. En Amérique, plus qu'en nul autre pays, l'ouvrier préfère s'assurer aux sociétés privées. Non seulement les grandes Compagnies, mais encore de petites ont institué des formes de contrats d'assurance sur la vie n'exigeant des assurés que des primes relativement faibles : les *Industrial Policies,* coûtant de 10 à 30 dollars par an en moyenne, passent pour être accessibles aux moindres bourses. Certes beaucoup de ces Compagnies ne sont ni assez richement constituées, ni assez scientifiquement organisées pour inspirer une confiance invincible ; leur fonctionnement défectueux a déjà causé bien des désillusions et des polémiques. Plusieurs pourtant, fort anciennes, ont donné de suffisants gages de leur solidité.

III

Belgique.

La Belgique nous offre un excellent exemple d'application du service interventionniste. L'assurance contre l'invalidité ou la vieillesse n'y est pas obligatoire. Mais depuis de longues années les Pouvoirs publics se sont préoccupés de faciliter aux travailleurs le moyen de se constituer des retraites (1).

Dès 1850 une Caisse générale des retraites fut constituée. Cette institution, réorganisée par la loi du 16 mars 1865, rappelle notre Caisse Nationale des Retraites pour la Vieillesse. C'est un établissement à la fois d'épargne et de retraite ; l'Etat garantit selon le cas le remboursement des versements ou le paiement des rentes, mais n'accorde aucune subvention budgétaire. Les versements peuvent être effectués dès l'âge de 18 ans à capital réservé ou à capital « abandonné ». Le maximum de la pension dont on peut jouir à 50 ans au plus tôt est de 1.200 francs.

Mais cette Caisse, malgré l'augmentation des recettes

---

(1) O. Arsandaux, *Les Retraites ouvrières en Belgique*, Paris, 1903, in-8°. — Alph. André, *Les Retraites ouvrières en Belgique*, Paris, 1907, in-8°.

et des rentiers qu'elle a enregistrée depuis trente ans (1), n'a pas réalisé, non plus que notre Caisse Nationale des Retraites, tous les espoirs qu'on fondait sur elle. Le nombre des pensionnés (3.615 en 1899), l'importance des versements de chacun d'eux, la moyenne des retraites (372 fr.) attestent qu'elle a moins attiré les ouvriers que les commerçants, fonctionnaires, rentiers, travailleurs des professions libérales, etc.

C'est pourquoi divers projets ont été depuis une dizaine d'années soumis à la Chambre des Représentants en vue d'établir dans le royaume un service d'assurance obligatoire (2). Le principe n'en a jamais

(1) En 1892 on compte 45.336 versements représentant .... 1.580.319 fr.
En 1896 on compte 111.020 versements représentant .... 2.558.683 fr.
En 1899 on compte 627.100 versements représentant .... 4.598.637 fr.

(2) Notamment propositions Malauder, de Guchtenaere, Dufuisseaux (Cf. M. BELLOM, *Sur la question des retraites ouvrières dans divers pays étrangers*, Bulletin de la Société de législation comparée, mars 1897. — Cf. aussi M. BELLOM, *Les lois d'assurances ouvrières à l'étranger*, Paris, 1900, in-8°). M. Bellom a commencé il y a plusieurs années la publication d'un recueil excellent, accompagné d'un commentaire précieux, des principales lois d'assurance ouvrière à l'étranger. Malheureusement le plan de son travail l'ayant amené à publier d'abord les lois relatives à l'assurance contre la maladie et contre les accidents, nous avons, dans les sept premiers volumes, des renseignements utiles, mais n'ayant pas un rapport direct avec la question que nous étudions. Seul le dernier volume publié (1905) traite de l'assurance contre l'invalidité; il est consacré à l'étude de la législation allemande.

été admis. Mais dans la loi du 10 mai 1900, qui règle la question des pensions de vieillesse, le rôle de l'Etat a été renforcé, son concours plus largement et plus directement acquis aux ouvriers prévoyants. Ainsi la loi récente n'inaugure pas une législation nouvelle ; elle développe, elle élargit l'ancienne, elle maintient la Caisse générale des retraites à la base du système d'assurance.

L'économie générale de la loi (1) peut se ramener à deux principes : 1° l'Etat doit intervenir pour généraliser les pensions de retraite ; 2° son intervention peut et doit être assez efficace pour conquérir à la prévoyance, sans les y contraindre, les ouvriers ou patrons. L'Etat laisse les travailleurs libres de pourvoir ou non à la sécurité de leur vieillesse. Mais à tous ceux qui font acte de prévoyance, il accorde des privilèges spéciaux. Une prime annuelle est allouée à toute personne qui aura fait un versement à la Caisse générale des retraites soit directement, soit par l'intermédiaire d'une Société de secours mutuels reconnue. Il importe qu'il y ait eu participation effective de l'intéressé à la constitution de la future retraite. Il n'est pas tenu compte des versements effectués à l'aide des subventions officielles. M. de Smet de Nayer, Président du Conseil et Ministre des Finances, a déclaré à la Chambre des Représentants : « Le système de la loi consiste à subsidier l'effort personnel de l'ou-

---

(1) Cf. pour le texte GUIEYSSE, rapport, 1904, Docum. parlem., Chambre, annexes, n° 2.083, p. 142, et ARSANDAUX, *op. cit.*

vrier, ainsi que l'effort très louable du patron. Ce sont
là deux manifestations en quelque sorte connexes de
l'initiative privée. Mais il ne peut être question pour
l'Etat de superposer son subside à celui de la province
ou de la commune... les Pouvoirs publics ne se subsi-
dient pas entre eux (1). » Toutefois, afin de limiter aux
humbles la faveur de la prime, sont exclus de son
bénéfice : 1° les déposants directs qui paient un chiffre
déterminé d'impôts directs, variant de 50 à 80 francs
selon la population de leur commune, et considéré
comme le signe visible d'une situation de fortune suffisante pour se passer de tout concours ; — 2° les déposants mutualistes qui effectuent sur leur livret des
versements supérieurs à 60 fr. par an ; — 3° les fonctionnaires et agents de l'Etat qui ont droit à pension ; —
4° le conjoint ou les enfants d'une personne exclue
pour l'un des motifs précédents. La prime allouée par
l'Etat est annuelle ; le montant en est fixé à 0 fr. 60 par
franc et par livret, jusqu'à concurrence de 15 fr. versés.
Elle ne peut ainsi dépasser 9 fr. par an et par individu,
sauf comme nous le verrons pour les membres des
Sociétés de secours mutuels. Les versements des bénéficiaires peuvent être faits indifféremment à capital
abandonné ou à capital réservé ; l'allocation de l'Etat
est toujours payée à capital abandonné (2). L'assuré

(1) Cité par Paul Imbert, *Les retraites des travailleurs*, p. 89.
(2) Elle demeure acquise à l'intéressé dans tous les cas, même
s'il cesse d'effectuer aucun versement à la Caisse générale. Par

cesse d'être admis au bénéfice des primes, le jour où
l'ensemble des sommes inscrites sur son livret suffit à
lui constituer une rente annuelle et viagère de 360 fr.
Pour établir ce maximum, les versements à capital
réservé sont censés avoir été faits à capital abandonné
et l'entrée en jouissance des rentes est réputée avoir été
fixée uniformément à 65 ans. Cette convention a été
ingénieusement établie pour éviter que, grâce à la
réserve de son capital et à la réduction correspondante
du taux de sa retraite, tel assuré ne soit avantagé indû-
ment au détriment de l'affilié qui a opéré ses versements
à capital abandonné. L'entrée en jouissance de la pension peut être demandée à chaque année d'âge accomplie de 55 à 65 ans.

Pour être admis au bénéfice de l'application de la loi,
il faut être Belge, ou, si l'on est étranger, compter
dix ans de séjour et appartenir à un pays qui garan-

là se distingue le subside de l'Etat belge des majorations de rentes
que la loi française du 31 décembre 1895 permet d'accorder
annuellement aux pensionnaires de la Caisse Nationale des
Retraites pour la Vieillesse. En France ces bonifications spéciales
ne peuvent être accordées qu'à des titulaires de livrets ayant
droit à pension, c'est-à-dire ayant effectué une longue continuité
de versements. En Belgique le subside est alloué au cours de
l'année qui suit le versement et demeure acquis au porteur du
livret. Il est vrai d'ajouter que l'Etat français, par la garantie
d'un taux d'intérêt de faveur (4 1/2 %) aux mutualistes et d'un
taux d'intérêt supérieur à celui de la rente (3 1/2 %) aux déposants
directs, accorde aux affiliés à la Caisse Nationale des Retraites des
avantages inconnus en Belgique.

tisse des avantages réciproques aux Belges qui y résident (1). L'âge minimum auquel on est admis à participer aux libéralités de l'Etat est de 16 ans, sauf pour les membres des mutualités scolaires.

La loi, en effet, réserve à la mutualité des avantages éminents. Dès l'âge de six ans, les enfants membres des mutualités scolaires bénéficient des allocations de l'Etat. Aux mutualistes, une prime de faveur, qui s'ajoute à la prime normale de 9 francs, est expressément allouée. Ces avantages particuliers tiennent à des causes diverses. Depuis 1891 un crédit spécial, porté successivement de 20.000 à 600.000 francs, était inscrit au budget du royaume pour encourager le développement des Sociétés de secours mutuels qui ont pour objet l'affiliation de leurs membres à la Caisse générale des retraites. L'Etat paraissait se désintéresser des déposants directs. La loi du 10 mai 1900 a rétabli en faveur de ces derniers un juste droit aux allocations officielles. Cependant, par l'effet d'une coutume ancienne et d'une confiance peut-être trop exclusive dans la mutualité (et qui a provoqué de vives critiques), la loi restitue aux déposants mutualistes un régime privilégié. Indépendamment de la prime normale, elle alloue à toute Société mutualiste reconnue et ayant pour objet l'affiliation de ses membres à la Caisse générale une subvention annuelle fixe de 2 francs par livret sur lequel il aura été versé pen-

(1) Actuellement cette réciprocité n'existe qu'avec l'Allemagne et le canton de Neufchatel.

dant toute l'année écoulée une somme de 3 francs au moins, *non compris les allocations des Pouvoirs publics*, et à la condition que la gestion et les comptes de la Société aient été réguliers.

Cet ensemble de privilèges explique l'heureux et rapide développement de la mutualité en Belgique. « Le nombre des Sociétés mutualistes se faisant les intermédiaires entre leurs membres et la Caisse générale des retraites a passé de 1.887 au 31 décembre 1899 à 3.601 en 1900, 4.468 en 1901 et 4.734 au 31 décembre 1902. Le nombre des versements s'est élevé pendant la même période de 627.100 à 856.116 et en 1902 à 1.810.402, tandis que le total des affiliations nouvelles atteignait respectivement 66.712 en 1889, 136.384 en 1900, 133.606 en 1901 et 90.597 en 1902, dues en grande majorité à l'intervention d'intermédiaires, patrons ou mutualités (1) ». Il n'y a plus qu'un nombre infime de déposants directs. La Caisse tend à ne plus servir de rentes qu'aux seuls mutualistes.

Encore dans ce nombre, appelé à décroître, de rentiers directs faut-il compter les ouvriers âgés qui en 1900 ne pouvaient raisonnablement espérer bénéficier longtemps des subventions de l'État. A ceux-là des dispositions transitoires accordent un traitement spécial. Les travailleurs qui avaient atteint 40 ans au 1er janvier 1900 jouissent d'une prime majorée ; l'État leur alloue la prime normale de 0 fr. 60 par franc jusqu'à concurrence de

(1) Paul Imbert, p. 93.

24 francs (au lieu de 15 francs) ; la subvention peut atteindre ainsi 14 fr. 40 au lieu de 9 francs. De plus, un subside annuel de 65 francs est accordé à tout ouvrier belge, âgé de 65 ans et nécessiteux ; le même subside est promis, à dater de leur soixante-cinquième année, aux ouvriers âgés au 1ᵉʳ janvier 1901 de 55 ans. Toutefois ceux qui à cette date avaient moins de 58 ans révolus sont tenus de fournir un léger effort personnel ; ils doivent, pendant trois ans au minimum, opérer à la Caisse générale des versements d'au moins trois francs par an (1).

Pour constituer ces primes et assurer ces subventions, des ressources spéciales étaient nécessaires. La loi les prévoit et les assure. Elle institue un fonds spécial des dotations allouées par l'État. Ce fonds est rattaché à la Caisse des Dépôts et Consignations. Il est alimenté par une

(1) Ces dispositions ont été légèrement modifiées et complétées par la loi du 25 avril 1903 ainsi conçue :

« Article unique. — Il est ajouté à l'art. 8 de la loi du 10 mai 1900 un deuxième alinéa ainsi conçu : à partir du 1ᵉʳ janvier 1903, le montant de la prime annuelle est porté à concurrence des six premiers francs versés :

a) A un franc par franc pour les intéressés ayant atteint au premier janvier 1900 un âge compris entre 40 et 45 ans ;

b) A 1 fr. 50 par franc pour les intéressés ayant atteint à la même date un âge compris entre 45 et 50 ans ;

c) A 2 francs par franc pour les intéressés ayant à la même date dépassé l'âge de 50 ans. »

(Rapport GUIEYSSE, 1904, Docum. parlem. Chambre, annexe nᵒ 2.083, p. 149).

allocation annuelle de 12 millions inscrite au budget ordinaire du royaume, et, en cas d'insuffisance et à charge de
remboursement, par des ressources exceptionnelles qui
sont éventuellement sollicitées des Chambres. En pratique, ces ressources exceptionnelles sont régulièrement
demandées : dès 1901 les prévisions budgétaires se sont
trouvées dépassées. Encore ne comptons-nous pas ici
les allocations des Provinces qui encouragent toutes,
de leur côté, et avec une préférence marquée pour les
Sociétés mutualistes, l'affiliation à la Caisse générale.

Telle est l'économie de la solution apportée en Belgique au problème des retraites. Sa caractéristique essentielle est de ne contraindre personne à la prévoyance
mais d'inviter tout le monde à la pratiquer. Par là elle
offre une expérience ingénieuse du système interventionniste, un exemple curieux de la liberté encouragée.
Elle a eu une influence décisive sur la propagation
des principes mutualistes (1). Elle a développé chez
beaucoup l'esprit de prévoyance. Son application assure
à un nombre élevé d'individus une vieillesse à l'abri
du besoin. Elle accorde dès aujourd'hui à une multi-
tude d'ouvriers âgés l'allocation de vieillesse, prévue
dans les dispositions transitoires : le subside de 65 fr.
a peut-être même été octroyé avec trop de libéralité ;
dès 1901, 176.000 vieillards de 65 ans et plus en ont bénéficié, ce qui représente la proportion considérable de

(1) ARSANDAUX, *op. cit.*, p. 285.

40 0/0 de la population du même âge (1). Il y a là sans
doute un excès qui révèle dans la loi un point faible.
A ce défaut s'ajoute que la loi ne connaît et n'encourage
que l'assurance-vieillesse. Elle ignore totalement l'assurance-invalidité. Enfin elle accorde les majorations
de l'Etat selon une méthode qui n'est sans doute pas la
plus heureuse. Certes il peut être séduisant de proportionner la prime officielle au chiffre des dépôts librement versés dans l'année par le travailleur ; plus
l'épargne de chacun est forte, plus riche est la majoration que lui consent l'Etat. Mais n'est-ce pas oublier que,
dans l'organisation d'un système équitable de retraites
ouvrières, c'est aux petits salaires que doit aller d'abord
la bienveillance publique ? Allouer une subvention calculée à raison de 0 fr. 60 par franc à tous les déposants
sans distinction, n'est-ce pas favoriser précisément les
plus aisés, ceux qui recevant de hauts salaires ont pu
plus aisément en prélever une part ? La justice com-
manderait plutôt de réserver les majorations les plus
fortes à ceux qui, faute d'un salaire élevé, n'ont pu verser que d'infimes cotisations et ont voulu néanmoins
faire acte de prévoyance. Ce dernier défaut de la loi de
1900 est si certain et si grave qu'il explique en grande
partie pourquoi elle n'a réussi qu'à demi à enseigner la
prévoyance aux travailleurs du royaume. Le bilan de
ses résultats au 31 décembre 1906 révèle qu'un nombre

_____

(1) C'est la raison principale de l'insuffisance des prévisions
budgétaires, V. P. IMBERT, *op. cit.* 94.

encore considérable de salariés, employés, etc., demeurent réfractaires à une affiliation sérieuse. A cette
date, le nombre des personnes pouvant se faire inscrire
se montait à 1.675.000. Le nombre des livrets était de
853.000 ; mais de ce chiffre il convient de soustraire plus
de 250.000 livrets non utilisés, en sorte que le nombre des
personnes sérieusement affiliées et opérant des versements réguliers était seulement de 600.000. D'autre part,
il a semblé, au début, que les affiliés à la Caisse générale
se recrutaient trop souvent parmi les gens relativement
aisés et seulement parmi une minorité d'ouvriers (1).
Ce n'est que depuis deux ou trois ans que ceux-ci y sont
venus en plus grand nombre. La loi belge prête ainsi
aux mêmes critiques que les lois françaises qui régissent la Caisse Nationale des Retraites. Malgré les
heureux résultats qu'elle fournit, elle semble manquer
à l'objet principal que doit poursuivre toute solution du
problème des retraites, enseigner à la nation et lui
faire pratiquer la prévoyance.

(1) G. SALAUN, *Les résultats de la loi belge sur les retraites
ouvrières*, Paris, 1902.

IV

Italie.

L'Italie possède une organisation sensiblement analogue au système belge. Depuis de longues années, la question des retraites y est étudiée. Déjà Cavour avait prévu la constitution d'une Caisse officielle des pensions ; les soucis politiques du temps l'empêchèrent de réaliser son vœu. Une série de projets présentés au Parlement attestèrent du moins que cette grande réforme demeurait à l'ordre du jour (1). La matière est aujourd'hui réglementée par deux lois des 17 juillet 1898 et 7 juillet 1901. Ces deux actes ont été coordonnés dans un texte unique par décret royal du 20 juillet 1901 et modifiés par une nouvelle loi du 13 mars 1904 (2).

Il est créé dans le royaume une *Caisse nationale de*

---

(1) Notamment projets Mancaroli, en 1877 ; — Berti, en 1881 ; — Grimaldi en 1885 ; Pacchelli et Ferrari-Luigi en 1885 ; Lacava, Gagliardo, Grimaldi et Aprile en 1893. — Cf. M. BELLOM, Bulletin de la Société de législation comparée, mars 1897. — M. BELLOM, *Les lois d'assurances ouvrières à l'étranger.* — LÉOPOLD MABILLEAU, CHARLES RAYNERI et DE ROCQUIGNY, *La Prévoyance sociale en Italie*, Paris, 1898, in-12.

(2) Cf. pour le texte, GUIEYSSE, rapport, 1901, annexe (n° 2.083) p. 150 et sq.

Prévoyance pour l'invalidité et la vieillesse des ouvriers.
Elle est ouverte aux Italiens de l'un et l'autre sexe qui
vivent de travaux manuels et de services payés à la
tâche ou à la journée. Les femmes mariées et les mineurs n'ont pas besoin du consentement du mari, des
parents ou tuteur. La limite inférieure d'âge est fixée à
10 ans. Le montant de la cotisation est libre, mais ne
peut être ni inférieur à 6 lires (francs) ni supérieur à
100 lires par an. Le droit à pension est acquis à 60 ans
d'âge pour les hommes et à 55 ans pour les femmes
après vingt-cinq ans de participation. La demande
d'obtention de la retraite peut être retardée à la volonté
des intéressés jusqu'à 65 ans : la pension, comme il est
pratiqué en France à la Caisse Nationale des Retraites
pour la Vieillesse, est d'autant plus forte que l'âge est
plus avancé. La Caisse nationale de prévoyance admet
deux genres d'assurance : l'inscription à capital aliéné
et l'inscription à capital réservé. Dans le premier système, les versements sont, en cas de décès prématuré
de l'assuré, partagés également entre les inscrits vivants du même âge ; dans le second cas, les sommes
versées reviennent aux héritiers, mais sans les intérêts
accumulés, qui sont également répartis entre les inscrits
du même âge.

Les pensions sont en principe constituées par les
cotisations facultatives des ouvriers. Il n'y a pas de
contribution patronale obligatoire, ni de subvention
régulière de l'État. Toutefois, dans la pratique, beaucoup

6

de chefs d'entreprise font inscrire leurs ouvriers et
opèrent eux-mêmes des versements au compte et au
profit de ceux-ci. De plus, l'État, qui ne gère point la
Caisse et n'exerce sur son autonomie administrative
qu'un droit de contrôle, l'a dotée en 1898 de 10 millions
de lires et lui abandonne annuellement différentes
ressources : produits des billets prescrits, des livrets
de Caisse d'épargne non réclamés, des dépôts et consignations abandonnés, une part des hérédités vacantes
dévolues à l'État. Les Sociétés de Secours mutuels qui
inscrivent leurs affiliés à la Caisse augmentent en
général, par des primes spéciales et propres, l'importance des versements de leurs membres. Enfin, la Caisse
elle-même, par la répartition entre les inscrits du même
âge, des sommes laissées libres par les décédés, contribue
à élever le montant des versements effectués sur chaque
livret ; depuis 1900, elle inscrit en moyenne sur chaque
compte individuel une somme de 10 lires.

Ces avantages et la propagande faite par M. Magaldi,
directeur du Crédit et de la Prévoyance au ministère
de l'Agriculture et du Commerce, expliquent le déve·
loppement rapide de l'institution. Plusieurs grandes
entreprises industrielles, certains services publics (Finances, Postes et Télégraphes, Administrations provin-
ciales ou communales) ont inscrit à la Caisse leurs
ouvriers et agents subalternes. Le nombre des affiliés
a passé de 11.000 à la fin de 1900 à 44.000 au 31 décem-

bre 1901 (1). La progression s'est par la suite un peu ralentie. Il est à craindre que la modicité des salaires ouvriers en Italie ne soit un obstacle au développement de l'œuvre tel que l'ont souhaité ses auteurs. Il n'est pas certain, d'ailleurs, que l'institution, qui ressemble si fort à l'organisation belge, échappe aux défauts et aux vices de l'œuvre créée par le Parlement de Bruxelles.

(1) PAUL IMBERT, p. 86. — P. GHIO, *Les retraites ouvrières en Italie*, Paris, 1902, in-16.

V

Pays-Bas, Suède, Norvège, Espagne, Portugal, Suisse, Danemark, Nouvelle-Zélande.

Dans les Pays-Bas, en Suède et en Norvège, des Sociétés et des Caisses de secours ont imaginé d'instituer un service de retraites. Mais ce ne sont que des entreprises privées, sans grand développement, n'offrant parfois que des garanties incertaines. Dans ces trois pays, une opinion naissante commence à réclamer l'intervention de l'Etat (1).

En Espagne, en Portugal, il n'y a pas encore de Caisses de retraites dignes de ce nom. Les Sociétés mutuelles ne pratiquent guère que l'assurance en cas de maladie.

.*.

En Suisse, il n'existe que des institutions locales. Tandis que les Chambres fédérales préparent une œuvre législative d'ensemble, certains cantons ont déjà organisé l'assurance contre la vieillesse. Le canton de Neufchatel possède depuis plusieurs années un service d'as-

(1) Cf. Bellom, *op. cit.* — Léonce Réjou, *Les Retraites ouvrières*, p. 102 et sq. — J. Lefort, *op. cit.*, I, 89 et sq.

surance et de retraite. Le canton de Vaud vient de voter une loi, appliquée depuis le 1ᵉʳ janvier 1908, qui permet aux citoyens, qui font acte de prévoyance, d'obtenir le concours de l'Etat. Une *Caisse cantonale Vaudoise des retraites populaires* est fondée sur le principe de la mutualité. L'Assemblée législative du canton, se ralliant au système de l'assurance facultative garantie et subventionnée par l'Etat, a décidé qu'une prime d'encouragement serait accordée à toute personne effectuant un versement. L'originalité de la création réside dans le mode d'attribution des primes ; destinées à favoriser surtout les petits déposants, elles ne sont point proportionnelles aux chiffres des versements ; l'assuré, qui dans le cours d'un même exercice a déposé 6 fr., reçoit une prime de 6 fr.; celui qui a versé 12 fr. ne reçoit qu'une prime de 8 fr.; celui qui a déposé 24 fr. reçoit 10 francs (1).

***

En Danemark, une loi du 9 avril 1891 a inauguré un service de « pensions de retraite pour la vieillesse qui en est digne et ne ressortit pas à l'assistance publique ». La pension est accordée à 60 ans d'âge ; elle est en moyenne de 150 fr. par tête ; on compte 36.000 pensionnés, soit 1,68 °/₀ du chiffre total de la population (2).

(1) A. Béchaux, *Le Correspondant*, 10 avril 1907, p. 179 et 180.
(2) P.-G.-C. Jensen, *Les Retraites pour la vieillesse en Danemark*, Rev. polit. et parlem., janv. 1896.

Les fonds sont entièrement fournis par l'Etat qui les demande à l'impôt. L'œuvre relève plus de l'assistance publique que de la prévoyance.

.*.

En Nouvelle-Zélande, une solution plus radicale encore est intervenue. Dans ce pays, où les idées démocratiques ont reçu la plus large application que l'on puisse concevoir (1), une loi de 1898, *The Old Age Pension Act*, accorde à tous les vieillards une pension avec une extrême libéralité : a droit à une retraite, sur le Trésor public, sans avoir jamais rien versé lui-même, tout citoyen de 65 ans, sans ressources, ou dont le revenu ne dépasse pas 34 Livres st. (850 fr.). La pension octroyée est de 18 Livres (450 fr.). Si même le vieillard a des ressources inférieures à 52 Livres (1.300 fr.), la pension lui est encore accordée, mais réduite de telle façon que cumulée avec les ressources propres de l'intéressé elle ne dépasse pas la limite de 52 Livres.

La loi ne s'applique qu'aux nationaux et aux étrangers naturalisés, jamais aux Chinois, Indiens et autres asiatiques, naturalisés ou non (2).

(1) P. Leroy-Beaulieu, *Les Nouvelles sociétés Anglo-Saxonnes*, Paris, 1897, in-12. — Albert Métin, *Le Socialisme sans doctrine*, Paris, 1901, in-8°. — A. Siegfried, *La Démocratie en Nouvelle-Zélande*, Paris, 1904, in-8°. — J. Robertson, *Les Lois sociales en Nouvelle-Zélande*, Revue social., nov. 1905.

(2) Voir le texte dans le rapport Guieysse, 1901. Docum. Parlem. Chambre, annexe, 2.083, p. 129. — Cf. *Bulletin de l'Office du travail*, 1899.

VI

Allemagne.

Enfin, l'Allemagne présente un modèle excellent, un type presque parfait du système de l'assurance et de la prévoyance obligatoires.

L'assurance contre l'invalidité et la vieillesse y est, depuis plus de 20 ans, l'objet non pas seulement de discussions et de projets, mais de lois sociales. L'Empire allemand a réussi, avant tout autre pays, à créer un système général d'assurances ouvrières. Les causes en sont à la fois sociales et politiques. Après l'essor de la grande industrie, les philosophes, les économistes, les socialistes de la chaire furent unanimement frappés par le spectacle des risques professionnels des ouvriers ; ils s'avisèrent de chercher un remède à une condition qui leur semblait précaire et dure ; la plupart inclinaient à penser que le salut ne pouvait venir que de l'intervention de l'Etat. Bien avant l'existence d'aucune institution d'ensemble, un grand nombre d'économistes et professeurs des Universités préconisaient l'adoption d'un système général d'assurances rendues obligatoires par la volonté de la loi. Bismarck, de plus, quand il vit la monarchie menacée par le parti socialiste, comprit la nécessité de renforcer les institutions politiques et de chercher un appui dans l'organisation d'une sorte de christianisme social et dans les rangs mêmes des classes laborieuses. Partagée par la plupart des hommes politiques et par Guillaume I", cette idée amena le Gouvernement à prendre spontanément des mesures en faveur des ouvriers. « Nous considérons, disait le 17 novembre 1881 Guillaume I" dans son message au Reichstag, qu'il est de notre devoir impérial de prendre à cœur le bien des travailleurs » (1). Ainsi s'explique que de très bonne heure l'Etat soit intervenu dans l'organisation du système des assurances contre l'invalidité et la vieillesse et que son action y soit prépondérante. Dès 1883 une loi d'assurance contre la maladie est votée par le Reichstag. Ouvriers et patrons sont astreints à une cotisation obligatoire, moyennant quoi l'Etat assure des ressources en cas de maladie à environ 9 millions de salariés qui gagnent moins de 2.000 marks (2.500 fr.) par an. Deux années plus tard l'assurance contre les accidents est l'objet de la loi du 6 juillet 1884. Enfin, la loi fondamentale du 22 juin 1889, modifiée par celle du 13 juillet 1899, organise d'une manière plus générale, avec le concours et sous le contrôle de l'Etat, l'assurance contre l'invalidité et la vieillesse (2).

Cette législation repose sur des principes distincts de

(1) G. de SAINT-AUBERT, *L'Assurance contre l'invalidité et la vieillesse en Allemagne*, Paris, 1900, in-8°, p. 19.

(2) Cf. le texte des lois de 1869 et 1899 dans GUIEYSSE, Rapport de 1901, p. 71 et sv. — G. de SAINT-AUBERT (donne également le

ceux que nous avons vus jusqu'ici. Elle rend l'assurance obligatoire ; à la différence des institutions des autres pays, patrons et ouvriers sont ici *tenus* de verser des cotisations (1).

La loi accorde une place éminente, prépondérante à l'assurance contre l'invalidité. Contrairement à la loi belge, à la loi italienne, aux institutions anglaises, aux usages de la plupart de nos services français d'assurance, l'invalidité est même considérée comme créant seule le droit à pension ; alors que partout ailleurs on tend à voir dans l'invalidité une sorte de vieillesse prématurée, la vieillesse n'est regardée par le législateur allemand que comme une invalidité moins grave, une invalidité partielle à échéance éloignée. Par là se trouve rétablie l'égalité devant la loi des diverses professions qu'une législation comportant uniquement l'assurance-vieillesse n'avantage pas toujours également. Il est des métiers plus pénibles que d'autres, et où les risques sont plus grands : la durée moyenne de la vie n'y est pas aussi longue que dans les professions moins fatigantes ou moins dangereuses. Si la loi n'accorde l'allocation de vieillesse qu'à un âge déterminé et avancé, un ensemble

texte de la loi). — G. SALAUN, Rev. pol. et parlem. avril 1901. — MAURICE BELLOM, *Les lois d'assurances ouvrières à l'étranger*, Paris, Livre III, 1re partie, 1905.

(1) Le principe de l'obligation n'a pas rencontré en Allemagne de fortes résistances. « L'opinion publique n'a jamais attaché d'importance à cette question », dit un rapport du Ministère du Commerce de France (cité par VITALI, p. 112).

important de travailleurs peut être exclu du bénéfice
qu'elle confère ou n'y participer que par de rares exceptions. Pour eux, la pension arrive trop tard. Ceux-là
mêmes qui mènent l'existence la plus rude sont défavo-
risés. Si au contraire la loi accorde la retraite à un
âge peu avancé, celle-ci arrive trop tôt pour la majorité
des travailleurs ; elle est inutile et insuffisante pour
l'ouvrier capable de continuer son labeur, elle est oné-
reuse sans raison pour l'institution qui l'assure ; les
salariés des professions où les risques sont légers, arri-
vent à pension aisément et en nombre important. Pour
eux le système comporte des avantages certains. La
retraite-invalidité rétablit l'égalité des avantages entre
les travailleurs des diverses professions. Aussi bien
l'invalidité, quand elle survient, est-elle un malheur
brusque, qui peut mettre d'un coup sur le pavé l'ouvrier
et sa famille. La vieillesse, qui est le terme naturel
de la vie, est prévue ; l'ouvrier, s'il parvient à un âge
avancé, a eu le temps et peut-être les moyens de
se constituer par son seul effort une petite rente ; il peut
avoir le concours de ses enfants devenus grands à leur
tour. Il paraît ainsi plus logique et plus juste de constituer l'assurance contre l'invalidité. La loi de 1899
n'énonce dans son titre que le risque d'invalidité.

L'assurance est obligatoire, à partir de 16 ans révolus,
sans distinction de nationalité (1) :

(1) Les ouvriers étrangers peuvent toutefois être exemptés par
le Bundesrath, mais même dans ce cas les cotisations patronales,

1° Pour tous les ouvriers, aides, compagnons, apprentis de toutes catégories de l'industrie, du commerce et de l'agriculture, y compris les domestiques ;

2° Pour les employés de commerce et d'exploitation (contremaîtres, techniciens), les professeurs et instituteurs privés, dont les appointements annuels sont inférieurs à 2.000 marks (2.500 fr.), les marins, mariniers, capitaines de navires ou de bateaux au service d'un armateur, et dont le salaire ne dépasse pas cette même limite de 2.000 marks.

De plus, comme il est souvent difficile de distinguer le petit patron de l'ouvrier travaillant en chambre ou à la tâche, la loi réserve au Bundesrath le droit d'étendre l'obligation à de nouvelles catégories de salariés.

Sont au contraire exempts de l'obligation : les fonctionnaires, agents et ouvriers civils et militaires de l'Etat, des provinces ou des communes qui, à raison même de leur emploi, peuvent prétendre à une pension, au moins égale à la rente minima de l'assurance d'Empire. De même que l'accession au régime obligatoire peut être prescrite par le Bundesrath, de même d'autres exemptions peuvent être prononcées.

Enfin, peuvent s'assurer volontairement :

1° Les petits patrons et industriels indépendants qui n'emploient pas plus de deux ouvriers d'une manière permanente ;

obligatoires comme les cotisations ouvrières, restent exigibles des employeurs.

2° Les employés, professeurs et instituteurs dont le salaire est compris entre 2.000 et 3.000 marks ;

3° Les salariés qui sont exempts de l'obligation à raison du chiffre de leurs appointements, quand ceux-ci ne dépassent que de peu la limite légale de 2.000 marks ; ceux qui au lieu d'une rétribution en espèces perçoivent en nature la rétribution de leur travail ; etc.

Pour les assurés volontaires, les conditions d'âge et d'obtention de la rente sont un peu différentes : ils ne peuvent se faire inscrire à l'assurance après leur quarantième année et n'ont, dans tous les cas, droit à la rente qu'après l'acquittement de 500 cotisations.

Les ressources nécessaires à la constitution des rentes sont fournies par la triple participation de l'Etat, des patrons et des salariés (1).

(1) Les raisons de cette triple participation ont été justement produites dans l'exposé des motifs de la loi et dans les discussions auxquelles son vote a donné lieu. « La communauté, c'est-à-dire l'Empire, qui est son expression même, porte l'exposé des motifs, a le devoir rigoureux de maintenir la paix et l'harmonie dans le corps social. Pour atteindre ce but, il ne saurait se dispenser de créer des lois de nature à améliorer le sort souvent malheureux de la classe laborieuse. Pour assurer le succès de pareilles lois, l'Empire peut bien faire appel au concours des patrons et des ouvriers, puisqu'en réalité ceux-ci sont les principaux intéressés au maintien de la paix sociale. Mais il doit encore apporter lui-même sa contribution particulière sans laquelle les sacrifices des patrons et des ouvriers seraient insuffisants... Il ne faut pas non plus perdre de vue que l'assurance contre la vieillesse est de nature à diminuer les charges de l'assistance publique... Il est donc naturel qu'une notable fraction de ces

L'Etat verse pour chaque pension une somme annuelle uniformément fixée à 50 marks, et prise sur le budget de l'Empire ; il prend à sa charge les cotisations des assurés pendant le temps qu'ils passent sous les drapeaux ; il paie tous les frais de l'Office impérial des assurances, opère gratuitement par l'intermédiaire des bureaux de poste le recouvrement des cotisations et le paiement des pensions.

Les patrons et les ouvriers contribuent par moitié, sous forme de cotisations hebdomadaires, à l'ensemble des autres dépenses (frais généraux, constitution d'un fonds de réserve, paiement des retraites, remboursements prévus par la loi, etc...). Le taux des cotisations avait été fixé en 1889 pour une période de dix ans ; en 1899, il fut à nouveau réglementé. On prit comme base,

charges se reporte sur l'Empire lui-même, c'est-à-dire sur l'ensemble des contribuables. » Et encore : « Il est impossible de dispenser les ouvriers de payer leur part des frais de l'assurance. Une institution qui, en créant des ressources gratuites à l'ouvrier, lui enlèverait le sentiment de la responsabilité et le souci de l'avenir, abaisserait son caractère dans de notables proportions. L'homme, quel qu'il soit, ne doit jamais perdre de vue que dans les années de santé, il a le devoir de penser aux mauvais jours. Mais si l'ouvrier seul est incapable d'une épargne suffisante, il est légitime que le patron lui vienne en aide pour lui permettre de réaliser l'assurance. Car le salaire ne comprend pas toujours l'indemnité nécessaire à compenser la déperdition de force qui est la conséquence du travail. La participation au paiement des cotisations de l'assurance comble d'une façon très heureuse cette lacune dans la constitution des salaires. » (Cité par G. DE SAINT-AUBERT, p. 109, 113 et 114).

Retraites ouvrières.   7

pour l'établir, le chiffre moyen des salaires des assurés. Ceux-ci ont été divisés en cinq groupes (*Lohnklassen*).

La 1ʳᵉ classe comprend les salaires jusqu'à 350 marks.

La 2ᵉ   —   de 351 à 550   —

La 3ᵉ   —   de 551 à 850   —

La 4ᵉ   —   de 851 à 1.150 —

La 5ᵉ   —   supérieurs à 1.150 "

Les primes dues hebdomadairement sont, conformément à ce tableau, divisées elles aussi en cinq classes ; elles ont été calculées d'après les dépenses présumées du service des rentes pendant cent ans, le nombre probable des affiliés et les règles ordinaires du système de la capitalisation. On a fait le calcul suivant : évaluant à 12 milliards 267 millions de marks les dépenses totales de l'assurance de 1891 à 1990, et le nombre des assurés étant par année de 11.850.000, les charges doivent se répartir entre 1 milliard 185 millions de participants. La prime annuelle par membre sera donc en moyenne et théoriquement de 10 marks. Mais en pratique, il est tenu compte de la répartition des salariés en cinq classes et du concours de l'Etat. Il a donc été possible de réduire très notablement les primes exigées des travailleurs les moins rétribués. En fait, les cotisations sont, par semaine :

Pour la 1ʳᵉ classe de 14 pfennigs (0,175).

—   2ᵉ   —   de 20   —   (0,25).

—   3ᵉ   —   de 24   —   (0,30).

—   4ᵉ   —   de 30   —   (0,375).

—   5ᵉ   —   de 36   —   (0,45).

Elles incombent par moitié, respectivement au patron et à l'ouvrier, en sorte qu'elles représentent pour ce dernier un sacrifice minime (1).

L'objet de l'assurance est, comme nous l'avons vu, d'accorder une pension aux intéressés en cas d'invalidité et, subsidiairement, en cas de vieillesse. Au cas où l'assuré vient à décéder sans avoir reçu de pension, ou s'il est victime d'un accident de travail indemnisé par l'assurance contre les accidents (loi du 6 juillet 1884), ou encore si l'assurée est une femme et qu'elle contracte mariage avant d'avoir été pensionnée, la moitié des cotisations déjà payées — c'est-à-dire la part des versements propres de l'intéressé — est remboursée, sans les intérêts, aux ayants-droit.

La retraite d'invalidité est allouée, sans condition d'âge, à tout assuré qui devient incapable de travailler d'une manière permanente. La loi a défini l'incapacité

---

(1) Elles sont perçues par la vente dans les bureaux de poste et dans certains bureaux spéciaux de timbres-quittance, qui sont ensuite appliqués sur le livret individuel de chaque assuré. Quand le patron se charge de l'acquittement des cotisations, il retient sur le salaire de chacun de ses ouvriers la moitié des versements qu'il a opérés à leur compte. Quand l'ouvrier effectue lui-même cette opération, il se fait rembourser par le patron la moitié du prix des timbres. En cas de négligence des intéressés, les autorités ont le droit, selon le cas, de faire procéder au timbrage ou de prononcer la déchéance des assurés. Ce système, appelé *Markensystem*, d'abord mal vu de l'opinion, malgré sa grande simplicité, semble finalement rallier l'adhésion générale. (Cf. de SAINT-AUBERT, *op. cit.*, 125 et sq.).

de travail : est hors d'état de pourvoir à sa subsistance tout travailleur qui ne gagne plus « un tiers de ce qu'une personne de la même profession, d'une éducation égale, saine de corps et d'esprit, peut gagner dans la même région, par son travail » (1).

La retraite d'invalidité est également concédée, pendant la durée ultérieure de l'incapacité, à tout assuré malade, qui est resté vingt-six semaines consécutives dans l'impossibilité de travailler. Dans l'un et l'autre cas, il faut, pour l'obtention de la rente, avoir opéré des versements pendant 200 semaines (2). Mais pour éviter à la fois l'augmentation des risques d'invalidité et les abus toujours possibles, la loi organise des services médicaux destinés à traiter préventivement ou curativement les maladies entraînant l'incapacité de travail. Ces secours ne constituent pas un droit ; mais celui qui refuse de les recevoir ou de se conformer aux prescriptions médicales s'expose à être déchu de ses droits à la rente. Il y a là, comme on l'a fait remarquer, un très curieux exemple de coercition légale (3).

La pension de vieillesse est octroyée, sans considéra-

(1) Il est laissé à la Caisse d'assurance et à ses médecins le soin d'apprécier l'importance de la réduction de la capacité de travail.

(2) Ce « temps d'attente » était de 235 semaines avant la loi du 13 juillet 1899. — De même l'ancienne loi de 1889 fixait à 52 semaines la durée d'incapacité de travail pour créer le droit à pension en cas de maladie.

(3) P. IMBERT, p. 106.

tion d'incapacité de travail, à tout assuré âgé de 70 ans et justifiant de 1.200 semaines de cotisation (1). Elle a moins pour but de procurer à l'ouvrier des ressources suffisantes à sa vie que « de compenser la diminution qu'est présumée apporter dans son salaire la réduction de son activité ; ce n'est donc qu'un appoint et comme une indemnité viagère d'affaiblissement » (2). Aussi la pension de vieillesse, conformément à l'objet même et à la logique de la loi, est en général moindre que la pension d'invalidité.

Celle-ci est formée de trois éléments :

1° La rente fixe de 50 marks fournie par l'Empire ;

2° Une somme fondamentale de 60 marks dans la première classe, de 70 dans la deuxième, de 80 dans la troisième, de 100 dans la cinquième ;

3° Une majoration qui varie suivant le nombre des semaines de cotisation ; elle est de 3 pfennigs par semaine pour la première classe, de 6 pour la deuxième, de 8 pour la troisième, de 10 pour la quatrième, de 12 pour la cinquième.

Calculées sur ces bases, les pensions d'invalidité oscillent entre 116 marks (145 fr.) et 524 (655 fr.). La moyenne ressort à 132 marks (165 fr.).

La pension de vieillesse est constituée de deux éléments seulement :

(1) Avant la loi de 1899, ce nombre était fixé à 1.410. Les semaines passées sous les drapeaux et les semaines de maladie entrent en ligne de compte.

(2) G. SALAUN, Rev. pol. et parlem., avril 1901, p. 111.

1° La rente fixe de l'Empire de 50 marks.

2° Une allocation des institutions d'assurances qui est de 60 marks dans la première classe, de 90 dans la deuxième, 120 dans la troisième, 150 dans la quatrième, 180 dans la cinquième.

Les pensions varient de 110 marks (137 fr. 50) à 230 marks (287 fr. 50). La moyenne ressort à 142 marks (1).

Mais en dépit d'un taux moyen plus élevé, les retraites de vieillesse sont dans la généralité moins fortes : elles oscillent entre des chiffres extrêmes qui ne leur permettent pas d'atteindre dans la pluralité des cas le quantum des rentes d'invalidité. Cette modicité de leur taux et surtout l'âge avancé de l'entrée en jouissance ont produit dans le peuple une impression fâcheuse. Il a fallu pour l'effacer une active campagne. De deux choses l'une : à 70 ans le vieillard sera invalide et obtiendra la pension non de vieillesse, mais d'invalidité ; ou il pourra travailler encore et, dans ce cas, il cumulera son salaire quotidien avec la retraite de vieillesse (2).

On aura une notion plus exacte des avantages offerts aux ouvriers allemands, si l'on emprunte à M. A.

---

(1) Les statistiques enseignent que cette moyenne ainsi que la moyenne des rentes a été en augmentant de 1896 à 1900 et au-delà.

En 1896, la moyenne de la rente d'invalidité était de 125 m. 75, et de vieillesse 135 marks.

En 1898, la moyenne était de 130 marks dans le premier cas et de 139 dans le second.

(2) Cf. GIDE, *Rapport du Jury international de l'Exposition de 1900.* Economie sociale, Paris, 1903.

Klein, membre de l'Office impérial des assurances, l'exemple suivant : un ouvrier qui gagne 1.500 francs verse
0 fr. 23 par semaine, soit 11 fr. 25 par an ; le patron
verse la même somme. En cas d'incapacité de travail,
l'ouvrier touchera 262 fr. 50, 412 fr. 50 ou 562 fr. 50,
selon que les cotisations annuelles auront été payées
par lui, pendant 10, 30 ou 50 ans et qu'il sera âgé, par
conséquent, de 26, 46 ou 66 ans. Si parvenu à 70 ans il
peut encore travailler, on lui servira, tant qu'il sera
capable d'exercer son métier, une pension de vieillesse,
qui, dans l'exemple, sera de 287 fr. 50 (le maximum).
S'il meurt avant d'avoir joui de sa retraite, toutes ses
cotisations personnelles (à l'exclusion des cotisations
patronales) seront remboursées à sa veuve et à ses
enfants âgés de moins de 15 ans. En raison de la modicité des versements exigés des ouvriers, la loi leur
assure donc des avantages considérables.

L'exécution financière de la loi est assurée par divers
organes. Au centre de l'Empire, et dominant, surveil-
lant toute l'organisation, est *l'Office Impérial des Assurances, le Reichs-Versicherungsamt*. Créé par la loi sur
l'assurance contre les accidents, cet office a vu sa compétence étendue par les lois de 1889 et 1899. Il joue à
peu près en Allemagne, vis-à-vis de toutes les institutions d'assurances, le rôle que remplit en France le Conseil d'État vis-à-vis des autorités administratives. Il
comprend 48 membres permanents désignés par l'Em-
pereur et 16 membres temporaires ; de ceux-ci, 4 sont

des représentants du Bundesrath, chargés de sauve-
garder les intérêts des Etats confédérés de l'Empire,
et 12 des représentants des ouvriers et des patrons. Les
attributions de ce conseil sont nombreuses et souverai-
ses : il contrôle la gestion de tous les établissements
d'assurance, il se charge des travaux de calcul et de
répartition auxquels donnent lieu la fixation des cotisations et la liquidation des pensions, il publie dans le
Bulletin de l'Office Impérial toutes les statistiques relatives aux assurances, il tranche en un mot toutes les
difficultés et questions d'ordre général.

Sous cette haute Assemblée et placés dans une dépendance strictement hiérarchisée fonctionnent un certain
nombre d'organes.

Dans les Etats et les provinces, des institutions régionales (*Versicherungsanstalten*) assurent, sous la garantie de l'Etat, l'exécution financière du service. Leur
compétence territoriale est fixée conformément aux
divisions administratives. Ces établissements sont au
nombre de 31. Ils ont la personnalité civile et possèdent,
sous certaines réserves, la disposition des sommes qui
leur sont confiées. Ils sont gérés suivant des statuts qui
sont élaborés par un comité d'administration. Le comité
est nommé par des assemblées de patrons et d'ouvriers
et comprend au minimum cinq représentants de chaque
catégorie. La gestion est rarement exercée par ce
comité ; elle est réservée, comme dans les entreprises
privées, à une direction. La direction comprend à la fois

des fonctionnaires (de l'Etat ou des communes) et des délégués des patrons et des ouvriers, en nombre égal, élus par le comité. La direction examine les demandes de pension, les accueille ou les rejette et gère la fortune de l'établissement sous la surveillance et le contrôle de l'Office impérial (1).

Le système des Caisses régionales présentait un grave défaut, qui apparut de bonne heure et que la loi de 1899 a corrigé. Comme chaque Caisse avait la charge de toutes les pensions correspondant aux cotisations qu'elle avait reçues, il en résultait une accumulation de capitaux dans les grands centres et un déficit dans les caisses de certaines régions agricoles. Le Reichstag remédia à l'inconvénient en divisant les charges des établissements en deux parts : les charges communes et les charges particulières. Les premières comprennent les sommes nécessaires pour assurer le service des trois quarts des rentes de vieillesse, ainsi que des portions fixes des rentes d'invalidité ; elles sont supportées en commun

(1) La loi détermine les opérations financières autorisées. En principe, les directions ne peuvent pas opérer d'autres placements que ceux que le code civil permet pour les biens des mineurs. Toutefois, avec le consentement spécial de l'Office impérial, et à condition que l'Empire ou un Etat confédéré accorde sa garantie quant au remboursement, les directions peuvent employer autrement la moitié de leurs fonds. Il n'y a qu'une limitation : les sommes excédant le quart de la fortune de la Caisse ne doivent être consacrées qu'à des œuvres destinées à augmenter le bien-être des classes laborieuses (hospices, sanatoria, logements à bon marché, etc...).

7.

par toutes les institutions d'assurances. Les secondes
se composent des sommes nécessaires au paiement du
quart restant des rentes de vieillesse et des appoints de
majoration des rentes d'invalidité ; elles sont supportées séparément par chacune des institutions d'assurance.

De même, à l'actif, la fortune des Caisses se divise en
deux parts : le fonds commun, qui est la propriété col-
lective des établissements d'assurance et que chacun
d'eux gère, pour la part qui lui incombe, selon les règles
générales et en le majorant grâce à un taux d'intérêt
uniformément fixé pour tous ; — le fonds particulier que
chaque établissement gère librement, parce qu'il le possède en propre.

On évite ainsi les accumulations de capitaux dans un
nombre infime de caisses.

A côté de ces institutions régionales, subsistent neuf
Caisses spéciales (caisses syndicales patronales) anté-
rieures à la loi et qu'elle a consacrées, à la condition
qu'elles accordent à leurs affiliés des avantages au moins
égaux à ceux des institutions officielles. Les Caisses
particulières (*Besondere Kasseneinrichtungen*), notamment celles des chemins de fer et des mines, celle des
gens de mer, ont été ainsi incorporées dans le système
général créé par la loi de 1899.

Enfin la loi du 13 juillet 1899, et c'est encore une de
ses innovations les plus curieuses, a déchargé les institutions régionales d'une part de leurs attributions au

profit des bureaux locaux (*Rentenstellen*). Etablis surtout dans les grandes agglomérations, ces organes sont
une création décentralisatrice, que l'opinion avait plusieurs fois réclamée; ils ont qualité pour recevoir ou
rejeter les demandes de pension, émettre sur elles un
avis motivé, examiner les cas où le paiement des rentes
peut être suspendu (1), contrôler le paiement des
cotisations et fournir aux intéressés tous les renseignements désirés. Leurs décisions sont prises en
quelque sorte en première instance et sujettes à
appel.

Les rentes sont payées aux guichets de la poste sur
mandat des établissements d'assurance. En certains cas
elles peuvent être remplacées par des prestations en
nature ou l'entretien dans un hospice, un hôpital ou
une maison de santé. En principe elles sont incessibles
et insaisissables.

Telle est l'économie générale de la législation allemande sur l'assurance contre l'invalidité et la vieillesse. Les statistiques publiées chaque année par l'Office
impérial attestent que l'application de ces mesures a eu
les plus heureux résultats. En 1902, l'assurance s'éten-
dait à 12 millions d'individus, il était payé 142,720 pensions d'invalidité, 8,734 pensions de maladie, 12,835 pensions de vieillesse. Ces rentes atteignaient un total de

_____

(1) Par exemple en cas de condamnation à un emprisonnement
de plus d'un mois, de séjour prolongé à l'étranger, etc.

108.884.218 marks. Les recettes avaient été de 127.785.658
marks, en augmentation de 4 millions sur l'exercice
précédent. Ces chiffres indiquent que l'institution rend
de grands services. Les économistes allemands se féli-
citent volontiers de ces résultats ; ils en augurent dans
l'avenir de plus beaux encore. Par le jeu des versements prolongés, ils calculent que dans une vingtaine
d'années, la moyenne des pensions d'invalidité aura
doublé. De même il y aura, sur cent assurés, un retraité
de vieillesse et onze d'invalidité, soit, pour une population totale de 50 millions d'âmes, 1.500.000 pensionnés
qui jouiront ensemble de 330 millions de marks de
pension.

Mais peut-être les observations recueillies portent-
elles sur un trop petit nombre d'années pour que nous
puissions, avec ces statisticiens, conclure d'une manière
définitive au succès absolu de l'œuvre (1). Constatons
cependant, avec M. Salaun (2), que « le système allemand a désormais pour lui un avantage de fait incontestable, qui est de vivre et de fonctionner bien, en
somme, en dépit de quelques froitements inévitables
dans un mécanisme aussi gigantesque ». Observons enfin
qu'il est un exemple, et qui paraît heureux, du système
de l'assurance obligatoire ; à ce titre, mais sans qu'il soit
question de le transplanter intégralement en France,
il nous est d'un enseignement précieux à la veille du

(1) J. Lefort, *op. cit.*, I, p. 80.
(2) Rev. pol. et parlem. avr. 1901, p. 116.

jour où l'on va organiser chez nous un service général
d'assurances ouvrières (1).

(1) L'Autriche a suivi, en matière de législation ouvrière,
comme en matière de politique étrangère, l'influence de l'Allemagne. Les lois des 30 mars 1888 et 4 avril 1889 ont organisé l'assurance obligatoire contre la maladie, celles des 28 novembre 1887
et 28 juillet 1889 l'assurance obligatoire contre les accidents. L'assurance obligatoire contre la vieillesse et l'invalidité n'existe que
pour les ouvriers mineurs (loi du 28 juillet 1889). Mais l'opinion
réclame depuis quelques années des mesures législatives s'appliquant à la généralité des travailleurs, et le Parlement a déjà été
saisi de plusieurs projets.

CHAPITRE V

Historique de la question en France.

CHAPITRE V

Historique de la question en France.

En France, le problème des retraites ouvrières a pris, dans ces dernières années, une place prépondérante dans les occupations du Parlement. Il est devenu l'un des chapitres du programme du parti républicain. Depuis plus de vingt ans, des projets sont soumis aux Chambres. Depuis plus longtemps encore, l'opinion publique s'est accoutumée à discuter le problème. Depuis la Révolution, il n'a guère cessé de hanter l'esprit des publicistes ou des philanthropes. Déjà, nous l'avons vu, la Convention, sur le rapport de Barrère, avait abordé cette difficile question. Le fondateur de l'Union fraternelle, M. Lambert, le Saint-Simonien Olinde Rodrigue, les promoteurs de la loi du 18 juin 1850 sur la Caisse Nationale des Retraites, présentèrent tour à tour des réponses au problème. Il était réservé à la Troisième République d'y apporter la solution la plus heureuse. C'est grâce aux législatures qui se sont succédé depuis 1870 que l'idée des retraites ouvrières est sortie de la période de l'étude, des propositions et des amendements ; elle vient de se concréter en un texte. Pour la première fois, le 23 février 1906, la Chambre a voté une proposition de loi sur la matière, qui est actuellement soumise à l'exa·men du Sénat, et que nous étudierons plus loin.

⁎

L'Assemblée nationale avait reçu, en 1875, une pétition de M. Laviron ; l'auteur appelait la société à assurer, selon son devoir, l'existence de tous les travailleurs après leur vie active, en raison de l'enrichissement dont elle profite aux dépens de l'ouvrier qui ne consomme pas tout ce qu'il produit. La pétition n'eut aucun succès, non plus qu'un projet de loi déposé vers le même temps par M. Talandier, député. La question fut véritablement posée quatre ans plus tard par Martin Nadaud et Charles Floquet, sous la forme d'un projet de résolution invitant la Chambre à « nommer une Commission chargée de préparer un projet de loi relatif à la création d'une caisse de retraite en faveur des vieux ouvriers de l'industrie et de l'agriculture ». Le projet de résolution fut adopté, mais la Commission ne fut jamais élue. En 1881, Martin-Nadaud, Waldeck-Rousseau et M. Laroche-Joubert rédigèrent en ce sens de nouvelles propositions ; ils étaient unanimes à demander le concours de l'Etat et à laisser à l'assurance un caractère facultatif. Sur ce dernier point la grande majorité des membres du Parlement eût alors répété volontiers ce que Thiers avait déclaré quelques années plus tôt : « J'accepte de créer une Caisse de retraites pour les vieux travailleurs, sous réserve toutefois qu'elle soit facultative et non obligatoire. »

Les projets Raspail, Naquet et Lockroy, Girault, n'eurent pas plus de succès.

Vers 1886, à la vue de l'échec de la Caisse des Retraites pour la Vieillesse et de la nécessité où l'on fut d'en modifier l'organisation par la loi du 20 juillet 1886, le principe de l'obligation pénétra au Parlement. Presque en même temps, deux projets émanés, l'un du centre gauche, l'autre de l'extrême droite, préconisèrent l'assurance obligatoire. M. Jaurès proposait de grouper professionnellement et par canton toutes les industries ; chaque association serait doublée d'une Société de prévoyance, à laquelle l'affiliation deviendrait obligatoire, dès que les trois cinquièmes des ouvriers l'auraient décidé. Les intéressés, les patrons et l'Etat contribueraient, par des versements parallèles, à constituer un fonds sur lequel des secours seraient distribués aux ouvriers en cas de maladie, vieillesse ou décès. M. de Mun, M⁰ʳ Freppel, M. de Belizal fondaient plus expressément encore leur proposition sur le principe de l'obligation : « C'est en vain, écrivaient-ils dans l'exposé des motifs, qu'on présenterait l'épargne forcée, l'épargne imposée malgré lui au travailleur comme une at-

teinte inique à sa liberté. L'ouvrier paresseux et imprévoyant est fatalement condamné à tomber un jour
à la charge de l'assistance publique, et le législateur
a le droit de prendre des mesures préventives pour
que la faute d'un seul ne retombe pas sur la société
toute entière. Pour les chefs d'entreprise, ils ont à
remplir des devoirs de paternité sociale. Ils doivent
aide et assistance à leurs ouvriers quand la maladie
les frappe, quand la misère les attend ; c'est là une
obligation morale incontestable, que nous transfor-
merions volontiers en un lien juridique, ne sachant
pas d'autre moyen de la rendre effective. Suivant
nous, en effet, l'assurance à ces caisses doit être obligatoire, et si leur création est reconnue nécessaire, il
serait puéril de dire qu'elle doit être spontanée et facultative. » (1) Comme M. Jaurès, les auteurs du projet proposaient de grouper les ouvriers en corporations
régionales ; chacune d'elles posséderait une caisse, alimentée par une retenue obligatoire sur les salaires et
par les cotisations patronales ; les retraites servies seraient au moins égales à 30 % du dernier salaire des
intéressés (les salariés gagnant plus de 3.000 fr. par an
étant exclus). En cas de décès, une part était reversible
aux veuves.

Ce projet, bien étudié — et qui annonçait par avance
la loi allemande sur l'invalidité et la vieillesse — sédui-

_____

(1) J. O. Docum parlem. 1886, Chambre des Députés, n° 729.

sit la Chambre et fut pris en considération. La fin de la
législature en empêcha la discussion.

La section d'économie sociale à l'Exposition de 1889
reprit la question ; ses débats attirèrent l'attention du
grand public sur les retraites ouvrières. Aux élections
législatives de 1889, un grand nombre de candidats ins-
crivirent dans leur programme la promesse de ces
pensions. Dès lors, le Parlement ne cessa pour ainsi
dire plus d'être saisi de nouveaux projets.

Pendant la législature de 1889-1893, onze propositions
furent déposées sur le bureau de la Chambre (1) ; l'une
d'elles, émanant du Gouvernement, était signée de
MM. Constans, Ministre de l'Intérieur, et Rouvier,

(1) Proposition CHAUTEMPS et CLUSERET, 19 nov. 1889.
— LAISANT, GABRIEL, LAGUERRE, DÉROULÈDE, etc...
18 janv. 1890.
— BÉRARD, 27 mars 1890.
— PAPELIER, 3 juin 1890.
— ADAM et PIERARD, 3 juin 1890.
— DE RAMEL, 3 juil. 1890.
— ISAMBART et GOUJON, 21 mars 1891.
— déposée au nom du Gouvernement, 6 juin 1891.
— PAPELIER, 30 décembre 1891.
— LACOSTE, 16 février 1892.
— CHASSAING et GIRODET, 11 avril 1892.

L'initiative privée secondait celle du Parlement. Des économistes,
des industriels proposaient leurs systèmes. Cf. par exemple
Louis KAPFERER, *Etude sur l'assurance par le timbre ouvrier*
(moyens pratiques d'assurer à tous ceux qui vivent de leur
travail une pension et une retraite en cas d'infirmité reconnue et
de vieillesse). Paris, brochure, 1890, in-12.

Ministre des Finances. Toutes furent renvoyées à la
Commission du travail. Celle-ci écarta les projets qui
tendaient à constituer une retraite aux vieux ouvriers,
sans exiger d'eux la pratique réelle de la prévoyance.
Prenant pour base le texte du Gouvernement, elle éla-
bora une proposition spéciale et chargea son président,
M. Paul Guieysse, de rédiger le rapport de ses travaux.
(Premier rapport Guieysse.)

Le projet (douzième de la législature) porte création
d'une Caisse nationale ouvrière de prévoyance, avec
succursales ou caisses régionales (1). Les travailleurs
pourront non seulement se constituer une retraite, mais
faire toutes autres opérations d'assurance sur la vie.
L'inscription à la Caisse est libre. M. de Ramel et le
Gouvernement, dans leurs projets, avaient préconisé
l'adoption d'une sorte de présomption légale ; l'ouvrier,
à moins de déclaration contraire formellement expri-
mée, était supposé vouloir son affiliation à la Caisse.
Un acte manifeste de sa volonté était nécessaire pour le
ranger lui-même dans la catégorie des imprévoyants.
La proposition Guieysse déclare l'inscription purement facultative. Les ouvriers peuvent s'inscrire dans
les mairies. Le chiffre total des versements n'est pas
déterminé ; ils ne peuvent cependant dépasser la
somme nécessaire à l'obtention, à 50 ans, d'une rente
viagère de 600 francs. Ils sont effectués entre les mains

(1) J. O. Docum. parlem. Chambre, annexes, 1893, n° 2,576.

du percepteur, soit directement, soit par l'intermédiaire du patron ou d'une société de secours mutuels. Ils sont augmentés par les cotisations patronales et les subventions de l'Etat ; mais ces contributions ne peuvent s'appliquer, à la différence des versements directs de l'ouvrier, qu'à la constitution d'une rente viagère à capital aliéné. En principe, cotisations patronales et subventions de l'Etat sont égales aux versements de l'ouvrier : ceux-ci ne peuvent dépasser 30 francs par an. La pension est acquise à 50 ans d'âge et liquidée selon l'importance des sommes versées. En cas d'invalidité, l'ouvrier peut s'adresser à une caisse spéciale, créée à côté de la Caisse de retraites et alimentée par des revenus spéciaux (1). La proposition laisse subsister les Caisses patronales et les institutions privées faisant la retraite.

Le rapport de M. Guieysse ne vint pas en discussion, la législature touchant à sa fin. Ses conclusions furent reprises et présentées, sous la forme d'un projet, à la nouvelle Chambre, par lui-même et MM. Bourgeois, Ricard, etc., en novembre 1896. A cette proposition s'en joignirent bientôt beaucoup d'autres (2). Pour les examiner, la Chambre constitua une Commission plus spé-

(1) Par exemple taxes sur les patrons employant des ouvriers étrangers, dons, legs, montant de livrets non liquidés, etc...,

(2) Propositions CHAUTEMPS, MAURICE FAURE, DE RAMEL, MICHELIN, ISAMBART et GOUJON, JOUFFRAY, CHASSAING, REY et LACHIÈZE, BRINCARD, JUNG, ANDRÉ LEBON, PASCHAL GROUSSET, GELLÉ, CHAUVIÈRE, GIRAULT, JAURÈS, MILLERAND, VIVIANI (projet Escuyer), GUIEYSSE, RICARD, MARUÉJOULS, BÉRARD.

cialisée que la précédente : à la Commission du travail on substitua une *Commission d'assurance et de prévoyance sociales*. M. Audiffred, élu rapporteur de la Commission, déposa son rapport sur le bureau de la Chambre le 19 décembre 1896 (1).

Aux termes de cette étude, le service des pensions est assuré par la Caisse Nationale des Retraites pour la Vieillesse et des Caisses régionales, ainsi que par les institutions syndicales ou patronales existantes et les sociétés de secours mutuels approuvées et reconnues. Le principe de l'obligation est repoussé ; la Commission estime que l'obligation, applicable aux ouvriers mineurs en vertu de la loi du 29 juin 1894, n'a été possible que parce que 98 °/. d'entre eux étaient déjà inscrits à des caisses privées. L'assurance reste facultative pour le patron comme pour l'ouvrier. Mais le versement de l'un entraîne celui de l'autre (du moins pour les salaires inférieurs à 2.400 francs). Le montant des cotisations est fixé à 4 °/. du salaire ; elles sont payables moitié par l'ouvrier et moitié par le patron ; leur paiement est constaté sur un livret, qui est la possession du travailleur et lui permet à chaque instant de suivre la progression de sa pension. Les versements sont faits à capital aliéné, pour augmenter l'importance de la rente. L'entrée en jouissance est fixée à 60 ans. Elle peut être exceptionnellement avancée en cas de blessures ou infir-

(1) Docum. parlem. Chambre, 1896, annexe, n° 2,185.

mités graves, entraînant l'invalidité. Si le chiffre de la
pension est inférieur à 360 francs, l'Etat le bonifie par
une augmentation égale, au plus, au cinquième de la
rente (à condition toutefois que l'ouvrier ne soit pas
possesseur d'un revenu personnel de 360 francs et qu'il
ait accompli des actes de prévoyance pendant vingt-
cinq ans). Enfin, pour éviter qu'une famille ne puisse
être soudainement privée de toute ressource par le
décès de son chef, la Commission propose de joindre facultativement à l'assurance en cas de vieillesse ou d'invalidité une assurance en cas de décès.

La proposition Audiffred eut le même sort que celle
de M. Guieysse. Les pouvoirs de la Chambre expirèrent
avant que la discussion n'en fut commencée. Elle avait
d'ailleurs un vice grave, que beaucoup relevèrent dès le
début. Si l'assurance, facultative pour les patrons et les
ouvriers, devient obligatoire à la volonté d'une seule
des deux parties, n'est-il pas à craindre que des patrons,
désireux d'échapper à une charge nouvelle, n'acceptent
que les ouvriers qui auront pris l'engagement de ne rien
verser ? La même fortune fut réservée à un autre projet, célèbre dans l'historique de la question, celui de
M. J. Escuyer. M. Escuyer était un industriel qui, au
Congrès des Bourses du Travail de Toulouse en 1897,
avait proposé et fait acclamer le projet de création d'une
Caisse nationale de Prévoyance. Tous les salariés du
Commerce, de l'Industrie, de l'Agriculture et des professions libérales y seront obligatoirement affiliés. Elle

8

Cependant la question se précisait et les idées évoluaient. L'écho des doctrines allemandes, qui avaient précédé et déterminé le vote de la loi de 1899, se répercutait en France. Le parti radical-socialiste, à la Chambre comme dans l'opinion, gagnait en influence. Il prônait le système de l'obligation. D'autre part des écrivains catholiques, se plaçant au point de vue « de la juste valeur du travail professionnel » (1), commençaient une propagande dirigée dans le même sens. L'un d'eux écrivait : « En principe, tout travail, quel qu'il soit, doit munir l'ouvrier dans le présent et lui permettre d'assurer sa subsistance pour les jours de la vieillesse et de l'impuissance » (2). En d'autres termes, la prime d'assurance fait partie intégrante du salaire, et les employeurs plus encore que les employés doivent pourvoir à son acquittement. On abandonnait ainsi peu à peu le principe ancien de la liberté pour incliner davantage vers celui de l'obligation.

Les discussions, qui furent soutenues durant la législature 1898-1902, donnent le reflet de cette tendance. Une vingtaine de projets furent soumis à la Chambre ; presque tous, y compris un projet du Gouvernement (Cabinet Brisson), concluaient à l'adoption d'une assurance obligatoire (3) ; certains, dépassant le but, propo-

(1) H. SAVATIER, *Revue de l'Association catholique* du 15 octobre 1900.

(2) A. BOISSARD, *Le problème de l'invalidité et de la vieillesse*, Paris, broch. 1901 (cité par P. IMBERT, *op. cit.*, p. 130.)

(3) Proposition ZÉVAÈS, BÉNÉZECH, etc... (juin 1898. C'est la ré-

saient même d'octroyer à tous les salariés, âgés ou infirmes, une pension nationale, sans exiger d'eux le moindre acte de prévoyance (1).

Deux ou trois de ces propositions sont particulièrement intéressantes. Au nom du Gouvernement, M. Maruéjouls, Ministre du Commerce, demandait que les versements du patron et de l'ouvrier fussent obligatoires, égaux et simultanés (l'obligation cesse si le salarié a un traitement annuel supérieur à 2.400 fr.); la Caisse Nationale des Retraites pour la Vieillesse assure le service des pensions; cependant les caisses patronales et les sociétés de secours mutuels sont autorisées, sous certaines conditions, à continuer leurs opérations. Les retraites peuvent atteindre 360 fr.; au cas où elles sont moindres, l'Etat les bonifie jusqu'à concurrence de ce maximum, pourvu que les intéressés justifient de 1.500 journées de travail. L'entrée en jouissance est fixée à 65 ans pour les hommes et 60 ans pour les femmes. En cas d'invalidité, la liquidation est anticipée. En cas de décès, la pension

édition du projet Escuyer); — GERVAIS (juill. 1898); — MARUÉ-JOULS (projet déposé au nom du Gouvernement, oct. 1898); — DUBUISSON (oct. 1898); — CHAUVIÈRE (oct. 1898); — VAILLAND (mars 1899); — GUIEYSSE (rapport présenté au nom de la Commission d'assurance et de prévoyance sociales, mars 1900); — BIENVENU-MARTIN (fév. 1900); — ABBÉ LEMIRE (avr. 1900); — DANSETTE (janv. 1901); — COUTANT (mai 1901); — GUIEYSSE (rapport supplémentaire, mai 1901); — CARNAUD (juin 1901).

(1) Cf. proposition VAILLANT, nov. 1900 (J. O. Docum. parlem. Chambre, 1900, annexes, n° 1,933). — Voir aussi discours MIRMAN (Chambre, séances des 4 et 6 juin 1901).

est reversible sur la tête de la veuve, si elle n'est pas retraitée elle-même, ou des orphelins (1).

Ce projet fut comme les autres renvoyé à la Commission d'assurance et de prévoyance sociales. Celle-ci, après plus d'un an de travail, chargeait M. Guieysse d'exposer à la Chambre le fruit de ses études : le 9 mars 1900 l'honorable député lisait son second rapport (2) ; il y résumait l'historique de l'œuvre et y exposait heureusement la technique de l'assurance ; un projet était, au nom de la Commission, présenté aux députés à la suite du rapport. Il prévoit la création d'une Caisse nationale des Retraites ouvrières, ayant des succursales, des Caisses régionales, chargées de recueillir et de faire fructifier les fonds (3). Les Caisses patronales et syndicales et les sociétés de secours mutuels peuvent cependant aussi servir des retraites et recevoir des fonds. Ceux-ci proviennent obligatoirement : 1° d'un versement, effectué par l'ouvrier, de 0 fr. 05 par journée de travail, pour les salaires inférieurs à 2 fr., et de 0 fr. 10 pour les salaires de 2 fr. et au-dessus ; 2° d'une cotisation égale du patron (4). L'Etat s'engage à majorer jusqu'à concurrence de 360 fr. les pensions inférieures à ce

(1) J. O. Docum. parlem. Chambre, 1898, annexes, n° 271.
(2) J. O. Docum. parlem. Chambre, 1900, annexes, n° 1,502.
(3) En 1893 M. Guieysse avait déjà proposé ce système.
(4) Ces stipulations s'appliquaient aux seuls ouvriers français. Aux étrangers aucune cotisation n'était demandée, mais le patron versait uniformément 0 fr. 20 par journée de travail et pour chacun d'eux, quel que fût le salaire.

8.

chiffre. La retraite est accordée à 65 ans. En cas d'invalidité elle peut être liquidée plus tôt, à condition que l'ouvrier ait cotisé pendant 2.000 journées de travail au moins ; elle ne peut descendre au dessous de 200 fr. et la contribution de l'Etat ne peut sur ce chiffre dépasser 100 fr. En cas de décès, le conjoint survivant et les enfants âgés de moins de 16 ans reçoivent chacun un capital distinct de 500 fr.

Ainsi M. Guieysse organisait une triple assurance contre la vieillesse, l'invalidité et la mort. Mais ce projet, si séduisant, imposait au Trésor public des charges qui furent jugées excessives. Des calculs optimistes faits à l'époque évaluaient la part contributive de l'Etat à 53.000.000 fr. pour la première année et à une somme croissant annuellement pendant trente-cinq ans jusqu'à un maximum de 95.000.000 fr. Le Gouvernement hésita à tenter l'expérience. Il demanda à la Commission de remanier son texte. Après un échange de concessions réciproques (1), la rédaction définitive fut arrêtée le 25 juin 1901 au cours de la discussion qui se déroulait devant la Chambre (2).

Ce nouveau projet, un des plus complets et un des plus importants qui ait été soumis au Parlement sur la matière, peut se résumer ainsi :

(1) Et un nouveau rapport de M. Guieysse (premier rapport supplémentaire, J. O. Docum. parlem. Chambre des Députés, 14 mai 1901, n° 2.333).

(2) Elle avait commencé le 4 juin.

« Tout ouvrier ou employé de l'industrie, du commerce ou de l'agriculture, tout sociétaire ou auxiliaire employé par une association ouvrière a droit, s'il est de nationalité française et dans les conditions déterminées par la loi, à une retraite de vieillesse à 65 ans, et, le cas échéant, à une retraite d'invalidité...

« Les retraites sont assurées par la Caisse Nationale des retraites ouvrières, la Caisse Nationale des Retraites pour la Vieillesse, les sociétés de secours mutuels et les Caisses patronales ou syndicales, dans les conditions déterminées par les titres I à V de la présente loi (1). »

En conséquence tout salarié, âgé de 65 ans et remplissant les conditions prévues à l'article ci-dessus, subit obligatoirement pour chaque journée de travail une retenue de 0 fr. 05, si son salaire est inférieur à 2 fr. — de 0 fr. 10 s'il gagne une somme comprise entre 2 et 5 fr. — de 0 fr. 15 si le salaire est égal ou supérieur à 5 fr. Le patron, chargé d'opérer le prélèvement, y ajoute

(1) Nous avons cité intégralement cet art. 1er, parce que, seul de tout le projet, il fut l'objet d'un vote de la Chambre qui l'adopta le 2 juillet 1901. Ce ne fut, il est vrai, qu'un vote de principe. A la place du pointillé laissé en blanc à la fin du premier paragraphe, le projet portait : « payable trimestriellement ». Ces mots furent, dans le texte voté, remplacés par les suivants : « payable mensuellement sur certificat de vie sans frais, délivré par le maire de sa résidence ». De même dans le 2e § les mots : « la Caisse Nationale de Retraites pour la Vieillesse », qui manquent dans le projet de la Commission, se retrouvent (et nous les mentionnons) dans le texte voté par la Chambre.

une contribution égale. Pour les ouvriers étrangers il n'y a pas de retenue, mais le patron verse uniformément 0 fr. 25 pour chacun d'eux et par journée de travail, sans distinction d'âge ni de salaire.

Chaque ouvrier a son compte propre à la Caisse Nationale des Retraites ouvrières. Les versements (les siens comme ceux de l'employeur) sont faits, à son gré, à capital aliéné ou à capital réservé.

La Caisse, qui reçoit la garantie de l'Etat, est gérée par la Caisse des Dépôts et Consignations. Les fonds qui sont capitalisés sont nécessairement employés en achat de rentes sur l'Etat, de valeurs garanties par l'Etat ou d'obligations du Crédit foncier, ou en prêts aux départements, communes, colonies, protectorats, établissements publics, Chambres de commerce. Lorsque les disponibilités de la Caisse le permettent, il est procédé au remboursement d'une série de rentes perpétuelles en circulation ayant dépassé le pair, et cette série est annulée au Grand Livre de la Dette publique. La Caisse reçoit en paiement des obligations à long terme au taux nominal des rentes de même nature restant en circulation. Au cas où l'ensemble des sommes placées ou déposées pour le compte de la Caisse produirait un revenu inférieur à 3 0/0, la différence lui serait bonifiée par l'Etat.

Le tarif des retraites sera calculé au taux de 3 0/0 d'après la table de mortalité de la Caisse Nationale des Retraites pour la Vieillesse.

Lorsqu'un ouvrier est atteint d'invalidité prématurée (1) avant 65 ans et en dehors des cas régis par la loi du 9 avril 1898, il a droit, à tout âge, si les versements à son compte représentent au moins 2.000 journées de travail, à la liquidation anticipée de sa retraite, à raison des versements effectués. Si la rente ainsi liquidée n'atteint pas 200 fr. et si l'intéressé justifie qu'il ne jouit pas, y compris ladite retraite, d'un revenu personnel, indépendant de tout salaire, égal à 200 fr., la retraite est majorée jusqu'à concurrence de ce revenu, sans que pourtant la majoration puisse dépasser 100 fr. (2).

Les pensions de retraite et d'invalidité sont insaisissables jusqu'à concurrence de 300 fr.

Les dispositions transitoires concernent les ouvriers âgés qui ne pourraient cotiser assez longtemps pour acquérir une retraite.

Ce projet fut à son tour l'objet de débats à la Chambre au cours de la discussion générale sur les retraites ouvrières (3). Le rapporteur de la Commission,

---

(1) Le projet définit ainsi l'invalidité : « Est réputé invalide... le travailleur qui, pour toute autre cause que la vieillesse, n'est plus en état de gagner un tiers de ce que des personnes appartenant à son ancienne profession gagnent d'ordinaire par leur travail dans la même région. » (art. 16).

(2) La majoration est à la charge de l'Etat, à raison de 75 % ; du département, à raison de 15 % ; de la commune, à raison de 10 % (art. 20).

(3) La discussion depuis le 4 juin n'avait porté que sur des questions de principe.

M. Guieysse, et le Ministre du Commerce M. Millerand en défendirent, dans d'éloquents discours, les principes essentiels : l'obligation, la capitalisation, la liberté laissée à l'ouvrier de cotiser à fonds perdus ou à fonds réservés, etc... M. Ribot répondit en préconisant le système de la liberté encouragée, la liberté avec sub·sides, comme en Belgique. Mais cette théorie manifestement n'était plus en faveur auprès de la majorité (1). Le talent de l'honorable député fut impuissant à emporter un vote. Poussant plus loin même que la Commission et le Gouvernement les conséquences du juste principe des retraites, M. Puech et surtout M. Mirman (2) exposèrent, au nom des doctrines socialistes, que l'ouvrier, infirme ou vieilli, a un droit propre à recevoir de la société de quoi vivre. Qu'il ait ou non cotisé, peu importe : tout individu incapable de se livrer à un travail rémunérateur, disaient-ils comme naguère M. Vaillant, doit être nourri aux frais de l'ensemble des contri·buables, de la masse des citoyens. Mais les vacances parlementaires approchaient. Le 2 juillet, un député de la droite, M. de Gailhard-Bancel, remarqua : « Vous voulez par votre projet imposer aux ouvriers une double obligation, l'obligation d'épargner et l'obli·gation de verser leurs épargnes dans les caisses de l'Etat... J'estime que vous ne pouvez pas inscrire ces

(1) Des députés de la droite, comme M. Lerolle, la répudiaient comme les membres de la gauche.

(2) Voir plus haut, p. 136, note 1.

obligations dans la loi sans que les intéressés aient
été appelés à faire connaître s'ils sont décidés à les
accepter. » L'observation interrompit brusquement
toute discussion. La Chambre n'avait eu le temps que de
voter l'article 1 du projet par 300 voix contre 237 ; elle
adopta le jour même la motion suivante : « Le Gouvernement est invité à consulter les associations professionnelles, patronales et ouvrières, industrielles,
commerciales et agricoles légalement constituées et
les Chambres de commerce sur le projet de loi relatif
aux retraites ouvrières (1). » Une fois de plus la solution du problème fut différée. Conformément au vote
de la Chambre, une circulaire ministérielle du 9 juillet
1901 soumit un questionnaire aux groupements intéressés. 7,860 associations furent consultées (2). Plus de la
moitié ne répondirent pas ou répondirent après le terme
du 15 octobre, fixé pour l'achèvement du référendum. Le
Ministère ne recueillit que 2,830 réponses. M. Guieysse
les a groupées et publiées en trois gros volumes, for-
mant son deuxième rapport supplémentaire (3). On peut
dire d'un mot que l'enquête non-seulement n'apporta au
problème aucune lumière nouvelle, mais qu'elle donna
des résultats décourageants.

Au travers de la multiplicité des opinions émises il

(1) J. O. Débats parlem. Chambre, séance du 2 juillet 1901.
(2) Soit par oubli, soit à dessein, les Sociétés de secours
mutuels ne furent pas consultées.
(3) Docum. parlem. Chambre, 1901, annexe, n° 2.660. (Enquête.)

est possible de dégager deux idées générales, deux systèmes, que les intéressés ont plus ou moins nettement
exprimés (1).

Les ouvriers, en majorité, protestèrent contre le
projet. Le droit à la retraite, firent-ils valoir, est un
droit absolu ; le travailleur vieilli, incapable de suffire
à ses besoins, doit être entretenu aux frais de la collectivité ; un impôt général de solidarité y pourvoira. Le
projet actuel cache une « vaste tentative d'escroque-
rie » (2) : l'État capitaliste aura la disposition des fonds,
« l'argent des ouvriers servira de commandite à la pré-
dominance patronale, la classe pauvre fournira contre
elle des armes à la classe privilégiée » (3). Le quantum
des versements ouvriers est d'ailleurs fixé de façon
inique ; c'est un impôt direct et progressif à rebours,
puisqu'un salaire de 5 francs par jour sera imposé de
3 0/0, celui de 2 francs de 5 0/0, et celui de 0 fr. 75 de
6 0/0 (4). Et quelle duperie de faire cotiser les ouvriers
durant toute leur vie pour une retraite qu'on leur promet
à 65 ans, alors qu'à cet âge la plupart sont morts de fatigue ou de privations (5). Le chiffre de 300 francs est

(1) Cf. Maurice Bellom, *Les retraites ouvrières en France,
le Référendum de 1901* (Rev. politique et parlem., janv. 1902).

(2) Délibération du Conseil national du Parti ouvrier français,
séance du 30 juillet 1901.

(3). Union des Syndicats ouvriers de Grenoble, Enquête, II, 245.

(4) Chambre syndicale des ouvriers maçons et professions
similaires de Reims, Enquête, II, 321.

(5) Chambre syndicale des tisseurs et tisseuses de Sedan,

dérisoire : c'est 500 ou 600 francs qu'il faut (1). L'assurance obligatoire empêchera pour toujours le travailleur d'user de son épargne pour s'élever au petit patronat ; le salaire de l'ouvrier est à lui, il doit pouvoir l'employer comme bon lui semble. Quant à la contribution patronale, ce sera, pour l'ouvrier, un leurre : le patron s'arrangera toujours pour la lui faire supporter (2).

Les Chambres de commerce et les Syndicats patronaux protestèrent contre la mesure au nom de la liberté, de l'initiative individuelle et des intérêts supérieurs de l'industrie, du commerce, et des finances publiques. L'assurance obligatoire, exposèrent-ils, empêche l'ouvrier de choisir entre les nombreux modes d'épargne qu'il peut préférer. La contribution patronale écrasera l'industrie et le commerce déjà affaiblis. L'intervention de l'État grévera le budget, déjà en déficit. La capitalisation des versements provoquera une accumulation énorme de capitaux entre les mains de l'État ; leur placement amènera une baisse du taux de l'intérêt ; les rentiers auront une tendance à chercher à l'étranger un placement meilleur de leurs capitaux. Le système proposé ruinera toutes les œuvres d'initiative privée, les sociétés de secours mutuels en particulier,

Enquête, II, 41. — Bourse du travail de Montpellier, *ibid.* 195. — Etc......

(1) Chambre syndicale des ouvriers en toiles cirées de Bourges, Enquête, II, 113.

(2) Syndicat de la métallurgie de Reims, Enquête, 323. — Chambre syndicale des ouvriers calaisiens, *ibid.* 403. — Etc...

qui ont donné pourtant des preuves excellentes de vita-
lité. L'État n'a pas le droit de contraindre la classe
ouvrière à un emploi déterminé de son argent, il doit
se contenter d'encourager la prévoyance, qui est une
haute vertu sociale.

Le Gouvernement et la Commission n'ajoutèrent pas
une foi aveugle à ces craintes et à ces réclamations. Ils
pensèrent, à juste cause, qu'il serait d'une mauvaise
politique d'écouter avec trop de complaisance des plaintes intéressées. Ils estimèrent que de l'enquête une
seule chose était à retenir, à savoir que plusieurs objections d'ordre pratique devaient inspirer des modifications de détail(1). Quelques amendements furent appor-
tés au projet : le jour où les versements conjugués du
patron et de l'ouvrier suffisent à assurer à celui-ci une
retraite de 360 francs, les cotisations du salarié, qui
demeurent obligatoires, peuvent lui être remboursées
par fraction de 50 francs ; celles du patron, également
exigibles, alimentent un « fonds de bonification » destiné
à majorer les pensions trop faibles. La base des versements est changée : elle est fixée uniformément à 4 0/0
du salaire, supportée moitié par l'ouvrier, moitié par
le patron. L'ouvrier invalide doit justifier de deux ans
au moins de cotisation pour prétendre à pension, etc..
Les bases fondamentales du projet demeuraient les
mêmes.

(1) Cf. le troisième rapport supplémentaire de M. GUIEYSSE,
31 janvier 1902.

Ainsi la législature 1898-1902 avait fait grandement progresser la question. Les données du problème étaient précisées, ses éléments analysés. On avait désormais un texte, sur lequel l'accord semblait possible. Le pays tout entier prenait parti dans le débat. On peut dire que « les élections de 1902 se firent .. sur la réforme des retraites ouvrières » (1).

Aussi la législature 1902-1906 ne put-elle que chercher le définitif terrain d'entente et la nécessaire conciliation entre les systèmes proposés. Les projets élaborés par MM. Lemire, Mirman, Vaillant, Coutant, Dubuisson, Achille Adam, Rey et Lachièze, Dormoy, Chaumet, Cazeaux-Cazalet, etc.... reprenaient seulement, avec corrections, d'anciennes propositions. Deux projets déposés au Sénat (dont l'un par M. Antonin Dubost), n'innovaient pas davantage. Le dernier rapport de M. Guieysse, en date du 22 novembre 1904, résumait l'ensemble de la question et reprenait, en l'améliorant, le projet de loi de 1902, élaboré par la Commission et accepté par le Gouvernement. Ce texte vint en discussion en juillet 1905. Les débats, repris dès la rentrée d'octobre, provoquèrent de nouveaux amendements et des simplifications ; ils aboutirent finalement au premier vote d'ensemble d'une proposition de loi sur la matière,

(1) Rapport déposé sur le bureau de la Chambre le 3 juillet 1903 par M. CAMILLE FOUQUET, député, au nom de la « Commission chargée de publier les textes authentiques des programmes et engagements électoraux des Députés ».

la proposition du 23 février 1906 votée par 512 voix et aujourd'hui soumise aux délibérations du Sénat (1).

.*.

En somme, trois grandes doctrines et qui nous sont familières se retrouvent sous la masse des idées émises dans notre pays au cours de ces longs débats. Une première série de propositions laisse aux travailleurs la liberté de s'assurer et encourage la prévoyance par des subventions ; ces textes tendent à élargir le plus possible le rôle des sociétés de secours mutuels et des institutions privées ; ils ne sont pas sans analogie avec les législations belge et italienne. — Un second groupe de projets vise à organiser un grand service de solidarité nationale : la société prélévera elle-même sur ses revenus les fonds nécessaires à la constitution des pensions. C'est une tendance qui rappelle les institutions néo-zélandaise et danoise. — Enfin une dernière catégorie de propositions a en vue l'établissement d'une assurance obligatoire des travailleurs contre la vieillesse et l'invalidité. Leurs auteurs citent, à l'appui de cette thèse,

(1) Postérieurement à cette date une nouvelle proposition a été déposée sur le bureau du Sénat par M. Darbot. L'honorable sénateur désire une pension de 300 francs pour tous les citoyens, âgés de 60 ans, dont les revenus sont inférieurs à cette somme. Les ressources seront fournies par un impôt proportionnel et progressif remplaçant la patente et perçu sur les bénéfices des producteurs et commerçants. (J. O. Documents parlementaires, Sénat, n° 425, Séance du 6 décembre 1906).

l'exemple heureux de l'application de leurs principes dans la législation allemande. Aussi bien la doctrine de l'obligation concilie-t-elle en quelque manière les deux autres ; à l'une elle emprunte cette idée fondamentale que l'ouvrier doit le premier contribuer à la formation de sa retraite, de l'autre elle garde ce souvenir que la société, débitrice des travailleurs, est tenue de concourir à la constitution des pensions. Nous devons espérer que ce principe triomphera d'une manière définitive devant le Sénat et devant l'opinion.

CHAPITRE VI

La proposition de loi de 1906.

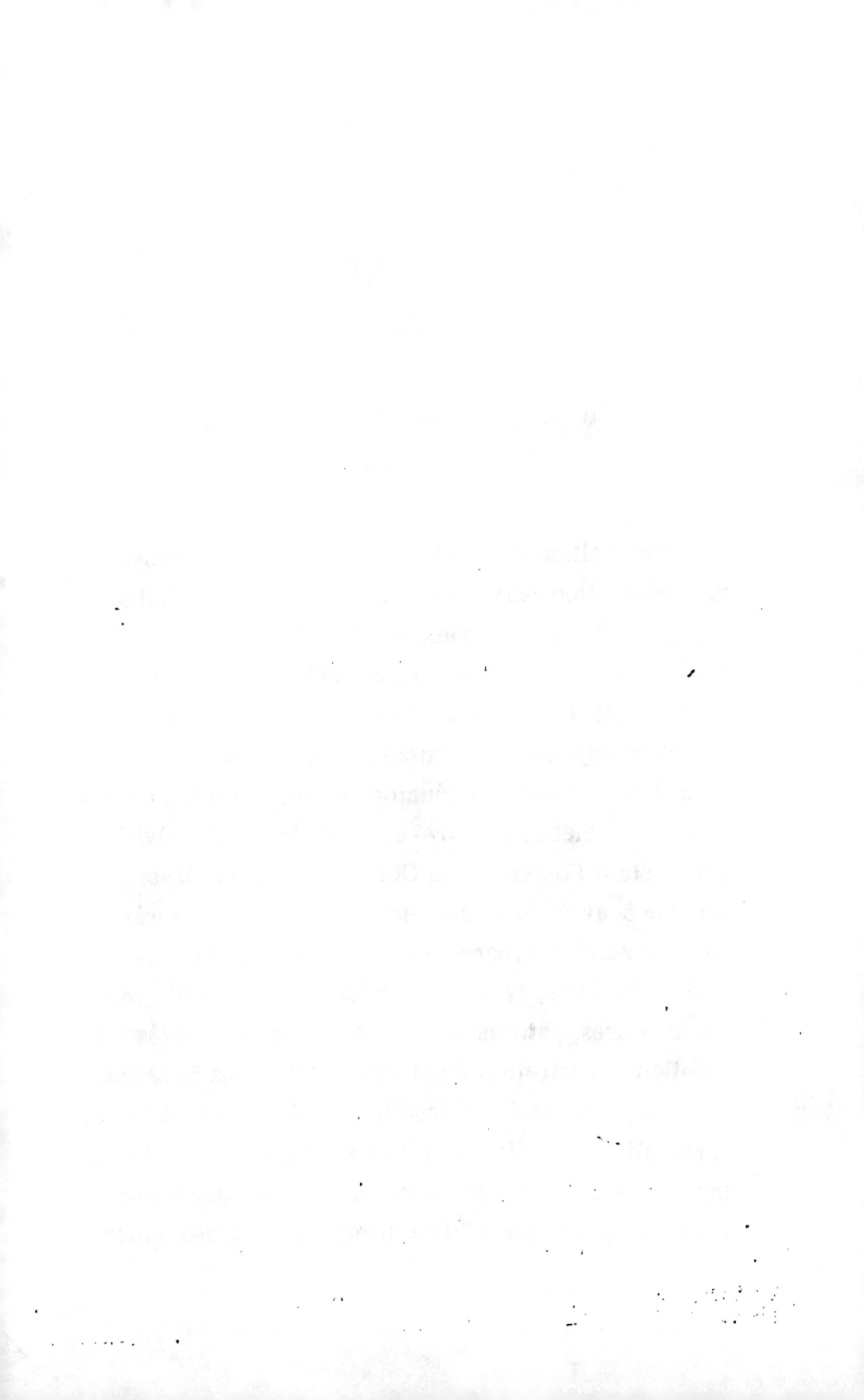

CHAPITRE VI

La proposition de loi de 1906.

La proposition de loi soumise à l'examen du Sénat est la condensation des travaux antérieurs et le produit d'un dosage inégal et ingénieux des divers systèmes. Sa promulgation pourtant demeure chose bien improbable. Le Sénat et la Chambre apporteront à ce texte de nombreux changements. Plusieurs sont indispensables.

Déjà la Commission sénatoriale des retraites ouvrières a commencé son travail d'étude et de révision. Complétant l'œuvre de la Chambre, elle a entrepris de janvier à avril 1907 une nouvelle enquête auprès de toutes les sociétés : corporations, chambres de commerce et d'agriculture, syndicats professionnels, etc..., dont les membres, patrons ou ouvriers, sont intéressés à la création des retraites. Les Unions et Sociétés de secours mutuels, écartées du référendum de 1901, ont été invitées à remplir le questionnaire adressé à ces divers groupements. Près de dix mille réponses sont parvenues à la Commission qui achève présentement ses études.

9.

Mais déjà elle a résolu de n'adopter qu'une mesure dont les conséquences financières ne grèveront pas trop lourdement le budget (1). Le Gouvernement a fait lui-même à ce sujet les plus formelles déclarations : le 16 février 1907, les Ministres des Finances et du Travail ont informé la Commission que les sacrifices de l'État ne leur semblaient pas pouvoir excéder cent millions par an ; et ils ont plusieurs fois rappelé depuis cette date que cette contribution forfaitaire ne saurait être dépassée.

La proposition de loi de 1906 entraînerait au contraire, — nous le verrons, — de bien autres et de bien plus formidables charges. Si grand est l'écart entre le coût probable de son application et la limite de cette contribution du Trésor que le vœu a été formulé de voir le gouvernement prendre l'initiative d'un projet nouveau. Un conseil de cabinet vient le 6 février 1908 de décider le maintien de la proposition actuelle (2). Ce texte paraît en effet dans l'histoire de la formation des retraites ouvrières en France un document trop important pour être désormais négligé. Il exprime et résume des sentiments répandus ; il traduit des désirs communément éprouvés. Il demeure au reste amendable et perfectible. Peut-être n'est-il pas chimérique de vouloir

(1) Cf. Discours de M. CUVINOT, Président de la Commission, séance du 13 février 1908.

(2) Cf. aussi les déclarations de M. VIVIANI, Ministre du Travail et de la Prévoyance sociale, devant le Sénat, séance du 13 février 1908, et devant la Chambre, séance du 14 février.

réduire à une somme voisine de cent millions la charge
dont il menace les finances publiques. Nous appelons
des premiers plus d'une correction, plus d'un changement dans sa teneur. Mais il nous paraît utile que ce
projet serve de base aux discussions qui s'ouvriront au
Palais du Luxembourg.

Ce texte, pour ces raisons, mérite dans un livre de ce
genre une particulière attention. Nous voudrions à la
fois en montrer les qualités réelles, la structure savante
et les défauts évidents. Mais notre examen critique
ne nous mènera pas à la présentation d'un contre-projet :
il n'ira pas à l'encontre des principes généraux, sur
lesquels repose la proposition de loi : obligation de la
prévoyance, place prépondérante donnée à l'assurance-
vieillesse, capitalisation des fonds, maintien des institutions actuelles pratiquant l'assurance. Moins ambi-
tieux sont nos désirs : convaincus que la République
ne peut faillir à l'engagement qu'elle a pris de créer
en faveur des classes laborieuses un vaste système
d'assurances contre l'invalidité et la vieillesse, nous ne
voulons que commenter le texte adopté par la Chambre
et marquer les retouches qu'il nous paraît indispensable d'y apporter. Sans doute ne parviendrons-nous
pas à limiter de façon précise au chiffre de la formule
nouvelle la charge qu'entraînent tant de dispositions
onéreuses. Trop heureux si cet examen, que nous
voulons impartial, avance d'un jour la solution du
problème.

I

Les bénéficiaires de la loi.

La proposition énumère d'abord les personnes auxquelles elle s'applique et les avantages qu'elle leur offre.

« Tout ouvrier ou employé, tout sociétaire ou auxiliaire, employé par une association ouvrière, tout domestique attaché à la
personne a droit, dans les conditions déterminées par la présente loi, à une retraite de vieillesse à 60 ans, et, le cas échéant,
à une retraite d'invalidité » (article 1er).

Ainsi, tous ceux (hommes ou femmes) qui sont liés
par un contrat de travail, écrit ou verbal, et qui reçoivent un salaire en nature ou en argent, seront soumis
à la loi, et versent, comme nous le verrons, des cotisations à une Caisse nationale des retraites ouvrières; les
ouvriers et employés de l'agriculture (article 34) (1),

(1) La retraite des ouvriers et employés de l'agriculture est
envisagée dans un titre spécial du projet, le titre V. Mais comme
l'effort du législateur a tendu à donner à tous les salariés un
régime unique, les mêmes prescriptions s'imposent dans l'ensemble
aux ouvriers du commerce, de l'industrie et à ceux de l'agriculture. Pour cette raison nous fondons en une seule étude
l'examen des articles du projet concernant les travailleurs des
usines, ateliers ou bureaux et les ouvriers et employés agricoles.
Nous indiquerons seulement, quand il le faudra, les exceptions
qui s'appliquent à ces derniers.

les travailleurs qui ne reçoivent d'autre rémunération
que les pourboires des clients, (garçons de café, de
restaurant, de bains, garçons coiffeurs, etc...) sont
compris dans ce nombre ; même les étrangers sont
soumis à ce régime, à la condition qu'ils aient fait
à la mairie de leur résidence ou à la Préfecture de
police, à Paris, une déclaration de séjour conformément
à la loi du 8 août 1893, et que leur pays d'origine ga-
rantisse à nos nationaux, établis sur leur territoire,
des avantages équivalents. Toutefois, si l'étranger
s'est fait depuis plus de cinq années immatriculer
comme résidant en France, la condition de réciprocité
n'est plus exigée (article 4). Enfin, les petits propriétaires, petits producteurs et petits commerçants (article 37), les colons partiaires, métayers, bordiers ou
fermiers (article 34) peuvent être admis au bénéfice de
la loi. La condition de ces travailleurs, bien qu'ils ne
soient pas des salariés, est en vérité assez précaire pour
qu'ils ne demeurent pas en dehors des bienfaits de
l'assurance (1). Au reste, les principes de justice sur
lesquels repose notre démocratie, permettraient-ils de
garantir aux uns plus de droits qu'aux autres ? (2).

Il y a cependant des limites et des exceptions à cette
extension du droit à la retraite. Aux employés recevant

(1) Le projet primitif de la Commission avait laissé en dehors
de l'assurance obligatoire toute cette catégorie de travailleurs
indépendants.

(2) Voir séances de la Chambre 23 novembre 1905 et 13, 14
et 15 février 1906. — Cf. encore Robert Jamet, op. cit. p. 22.

des salaires supérieurs à 2.400 fr., la proposition de loi
n'est applicable que jusqu'à concurrence de cette somme
(art. 3). Elle ne l'est également aux employés de l'agriculture, aux colons partiaires, métayers, fermiers, que
s'ils travaillent seuls ou n'emploient que des membres
de leur famille et un domestique, et s'ils ne sont pas
imposés à l'une des contributions directes pour une
somme supérieure en principal à 20 fr. (art. 34). Enfin
les petits cultivateurs, petits patrons, etc... ne peuvent
être admis au bénéfice de la loi, nous le verrons plus
loin (1), que s'ils n'emploient de même que des membres
de leur famille et ne sont pas imposés à l'une des contributions directes pour une somme supérieure en principal à 20 fr. (art. 37).

Sont en outre présumés exceptés du bénéfice de la loi
ceux qui versent déjà à une Caisse de retraites, soit
publique, soit privée, tels que fonctionnaires de l'Etat,
des départements et des communes, ouvriers et employés
des Compagnies de chemins de fer, ouvriers mineurs,
inscrits maritimes. Les Caisses de sociétés de secours
mutuels, les Caisses patronales ou syndicales peuvent
aussi, si elles sont approuvées, continuer à pratiquer l'assurance (art. 2). Mais quiconque verse à l'une de ces
caisses a la faculté de demander à n'importe quel moment le transfert de ses droits à la Caisse nationale des
retraites ouvrières.

(1) Voir le chapitre relatif à la retraite facultative.

L'affiliation à l'une de ces caisses dans les conditions prévues par la loi n'interdit pas au bénéficiaire de se constituer, avec ses ressources propres, une seconde retraite à une autre caisse. Un travailleur inscrit à la Caisse nationale des retraites ouvrières pourra opérer des versements pour son propre compte à la Caisse Nationale des Retraites pour la Vieillesse.

Ainsi l'ensemble des travailleurs du pays serait assuré contre le danger d'une vieillesse indigente. Une pension de retraite leur est promise, incessible et insaisissable(1). A ne considérer ces dispositions qu'au point de vue théorique, il est clair qu'elles échappent à tout grief sérieux. Inspirées de sentiments généreux, trop généreux peut-être, elles ont le mérite de comporter une application large, intéressant la masse de la nation.

On a soutenu, il est vrai (et nous l'avons vu), que l'ouvrier ne se soucie guère de l'avenir ; d'une rente dont l'échéance est lointaine, il n'a cure le plus souvent ; garanti déjà par la loi du 9 avril 1898 contre les accidents du travail, « il cherche, avant tout et dans le présent, des salaires élevés et de bonnes conditions du travail »(2). Pour lui, tout bonheur que la main n'atteint pas est un rêve. A la Caisse d'épargne ou à la Caisse des Retraites

_____

(1) « Les retraites, majorations et allocations. acquises en vertu de la présente loi, sont incessibles et insaisissables. » (art. 21).

(2) GEORGES FRÉVILLE, *Les retraites ouvrières*, Paris, 1906, in-12, p. 10.

il préfère le Syndicat, dont l'objet est précisément de maintenir les salaires à un taux élevé et d'amener la réduction de la journée de travail. Comme il ne possède qu'un bien, sa force de travail, il s'applique, tant qu'il est valide, à en tirer le plus large profit possible. Sa cotisation syndicale est sa meilleure prime d'assurance. Il y a du vrai dans cette remarque. Mais l'observation n'est possible que parce que l'éducation de la prévoyance n'est pas faite encore chez nous. Du jour où tous sentiront les bienfaits de cette vertu sociale, tous accepteront avec joie le système et la perspective de la retraite. Aussi bien l'idée en est-elle, dès aujourd'hui, très populaire. Nombreux sont les ouvriers qui envient le sort du fonctionnaire, à qui une pension est promise sur la fin de sa vie. A eux aussi il serait agréable d'être un jour « rentiers ». A cela quoi d'étonnant dans un pays où sont si nombreux les petits bourgeois et les petits propriétaires ? Il n'est pas certain que les suggestions de l'opinion n'aient pas ici agi quelque peu sur l'esprit du législateur

Volontiers nous dirions même que la suggestion a été trop forte, et trop diligente l'attention que lui a prêtée le législateur. Certes il était tentant de prendre l'initiative de mesures libérales et humanitaires. Personne plus ardemment que nous ne souhaite la création prochaine d'une Caisse de retraites ouvrières, ni ne désire qu'elle soit ouverte à un très grand nombre de citoyens. Sur ce point nous partagerions le vœu à peu près unanime de l'ancienne Chambre. Hélas ! ce ne peut être

qu'un vœu et l'on ne peut un instant se dissimuler que
cette extension libérale du droit à la retraite à d'aussi
nombreuses catégories de travailleurs ne soit d'une réalisation malaisée (1). La mise en vigueur de la proposition de 1906 taxerait le budget de charges singulière-
ment pesantes. On a parlé d'un minimum de 200 à
400 millions. Tout dernièrement, M. Cuvinot, président
de la Commission sénatoriale des Retraites, établissait
les chiffres suivants : la dépense annuelle de l'Etat
serait :

> A l'origine............... de 282 millions.
> A l'époque du maximum. de 545   —
> Pour la période constante. de 425   —   (2)

Il n'est pas croyable que nos finances, si éprouvées depuis quelques années, puissent supporter ce fardeau. On
a vu récemment l'opinion s'alarmer, quand un ministre,
pour rétablir d'un coup l'équilibre, proposait d'imputer à
un seul exercice le montant de crédits engagés hors budget et enflait exceptionnellement nos dépenses à un chiffre excédant 4 milliards. N'est-il pas à craindre que le
pays, si favorable qu'il soit à la cause des retraites, ne
s'effraye de l'élévation permanente des charges publiques à un taux de 4.200.000.000 ou 4.400.000.000 de fr.? Ni

(1) G. Olphe Gaillard, *Le système de l'assurance dans l'organisation des retraites ouvrières.* (La Réforme sociale, 16 septembre 1907, p. 337 et sq.)

(2) Séance du Sénat du 13 février 1908.

le Sénat, ni le Gouvernement ne paraissent désireux de tenter l'aventure. Bien que la Commission sénatoriale des retraites ouvrières n'ait pas encore, au moment où nous écrivons, publié son rapport, il est certain qu'elle partage le désir de ménager nos finances. Le bon sens, le souci de l'équilibre budgétaire, la volonté de ne pas écraser le contribuable sous le faix d'impôts nouveaux, commandent de n'agir en la matière qu'avec la plus extrême prudence. La nécessité s'impose de trouver à la proposition de 1906 les amendements voulus.

Une correction est ici possible ; elle découle de l'extension abusive du droit de concourir à pension, qui a été reconnu à des catégories trop nombreuses de citoyens. Il importe de réduire le nombre des bénéficiaires éventuels de la loi future.

Un moyen nous paraît être de rendre la proposition moins généreuse aux ouvriers étrangers. Nous avons vu dans quelles conditions ceux-ci étaient reçus au bénéfice de l'assurance. Certes nous n'ignorons pas quels arguments puissants plaident en faveur de l'extension du régime national aux ouvriers établis depuis plus de cinq ans sur le territoire français (1). Réfléchissons né-

(1) Les socialistes déclarent même que la condition de temps est superflue : reconnaître aux citoyens d'un pays des droits refusés aux autres, c'est, prétendent-ils, une injustice ; c'est une entrave mise à la fusion des peuples, à l'avènement du prolétariat universel. « La classe ouvrière, a cru devoir dire M. E. Vaillant, réclame la suppression de toute distinction entre les ouvriers

anmoins. Le nombre des salariés étrangers résidant en
France est infiniment supérieur à celui de nos compatriotes vivant comme ouvriers hors des frontières. A ne
considérer que les Italiens, les Allemands, les Luxem-
bourgeois et les Belges, la proportion est de 4 ou 5 pour
1 environ. De toute évidence, dans le système de la seule
réciprocité, nous offririons, nous donnerions plus que
nous ne recevrions. Pourquoi dès lors aggraver les conditions déjà mauvaises du marché en ajoutant qu'après
5 ans d'immatriculation, les ouvriers étrangers seront
admis *de plano* au bénéfice de la loi ? Si nous ne pouvons refuser à des Allemands, à des Italiens, etc., de
les inscrire à la Caisse nationale des retraites ouvrières,
quand des Français peuvent être assurés en Allemagne,
en Italie, du moins est-il légitime de ne pas ouvrir à tous
les étrangers sans distinction la faculté de cette assurance privilégiée. Certes, nous voudrions réserver à tous
les hommes la même bienveillance, les mêmes avantages (1). Nous aimons tous les peuples. Comme on di-

nationaux et les ouvriers étrangers. » (Séance de la Chambre
des députés, 25 janvier 1906.)

(1) « Si nous devons nous rapprocher chaque jour de ce but,
a déclaré M. Millerand, président de la Commission d'assurance
et de prévoyance sociales, ce ne peut être que par des conventions
internationales. Le gouvernement français s'est engagé dans cette
voie... Je crois que tous les efforts du gouvernement de la
République doivent tendre à multiplier ces conventions. Que l'on
veuille bien le remarquer, même en signant ces accords la
France s'impose des sacrifices certains, attendu que la France est

sait à la Convention, nous aimons tous les hommes, mais nous aimons particulièrement les Français. Puisqu'il est probable que le régime, rêvé pour tous, est irréalisable, puisqu'on ne peut instaurer le système voté par la Chambre, mais trop onéreux, quoi de plus juste que d'en exclure des étrangers plutôt que des compatriotes ? Et si l'on ne peut écarter tous les étrangers, stipulons qu'à l'exception de ceux qui seront admis en vertu de la clause de réciprocité, les autres ne pourront l'être qu'après dix ou douze ans de séjour effectif en France, constaté par l'immatriculation.

Nous obtiendrons de la sorte une diminution certaine du nombre des parties prenantes. Il nous est par malheur impossible de la déterminer, même approximativement : les statistiques du nombre des étrangers résidant en France n'indiquent pas l'ancienneté de leur séjour. Il suffit toutefois de connaître que cet amendement de détail emporte pour le budget une économie évidente.

en fait un pays d'émigration restreinte; lorsqu'elle accorde à la Belgique et à l'Italie, qui envoient chaque année sur notre sol des centaines de milliers de leurs nationaux, le même traitement que ces pays font aux Français, elle prend en réalité des engagements, elle assume des obligations bien plus considérables que les pays avec lesquels elle traite. Je crois que nous ne pouvons aller plus loin, sans faire, passez-moi le mot, un marché de dupe. » (Séance de la Chambre des députés, 25 janvier 1906.)

II

Justification du caractère obligatoire
de l'assurance.

Les travailleurs énumérés au chapitre précédent, à l'exception des petits patrons et petits producteurs, pour qui la prévoyance demeure facultative (1), subissent *obligatoirement* un prélèvement de 2 °/₀ sur leurs salaires, y compris les salaires en nature (2). Les employeurs versent de même et parallèlement des cotisations égales aux 2 °/₀ des salaires (3). L'organisation est étroitement calquée sur celle qu'édicte la loi du 29 juin 1894 sur les Caisses de secours et de retraites des ouvriers mineurs. Ces deux cotisations identiques, qui incombent obligatoirement l'une aux salariés, l'autre aux patrons, servent essentiellement à constituer les retraites. L'Etat n'intervient que pour majorer dans des conditions déterminées le taux de ces pen-

(1) Art. 37.

(2) Conformément aux prescriptions, déjà vues, le prélèvement n'est obligatoire que jusqu'à concurrence de 2.400 francs pour les ouvriers et employés ayant une rétribution, plus élevée.

(3) Pour les colons partiaires, métayers et fermiers, le patron, au regard de la proposition, est le propriétaire.

sions. Une seule exception est prévue ; les travailleurs qui reçoivent un salaire inférieur à 1 fr. 50 sont exemptés du prélèvement, sans que toutefois cette exemption entraîne celle du chef d'entreprise qui les emploie (art. 3).

Nous touchons ici à un des traits essentiels du projet : l'obligation. On a développé, on développe encore par la plume et par la parole tant d'arguments contre l'obligation, que nous nous sentons tenus d'en reproduire au moins les plus graves.

**

En ce qui concerne le prélèvement obligatoire sur le salaire de l'ouvrier, nombre d'économistes observent que la prévoyance étant une vertu, l'Etat peut la stimuler et doit la récompenser, mais n'a pas qualité pour l'imposer ; on ne décrète pas la vertu (1). Du reste le salaire de l'ouvrier, gagné par son travail, est son bien propre. Il a le droit d'en disposer à sa guise. Cette liberté, les syndicats l'ont hautement revendiquée en 1901 et en 1907, lors des deux grandes enquêtes parlementaires. Obliger le travailleur à pratiquer à ses frais la prévoyance, c'est porter atteinte à sa liberté et à sa propriété. Sa dignité humaine même est atteinte. « L'assurance obligatoire, a écrit M. de Ramel (2), nous a paru

(1) V. par ex. J. LEFORT, *op. cit.* I, p. 273.
(2) Exposé des motifs du projet de loi déposé en juillet 1890 (Doc. parlem. Chambre, annexe, n° 815).

empreinte d'une pensée à la fois contraire à la saine
morale et humiliante pour l'ouvrier ; dire à ce citoyen
qu'il est incapable de prendre une résolution dans son
propre intérêt et dans celui de sa famille, n'est-ce pas
le rabaisser et l'humilier autant que le démoraliser ?
C'est, en effet, déclarer l'ouvrier en tutelle et le procla-
mer incapable d'un acte de libre arbitre que de le sou-
mettre à l'obligation de la prévoyance alors que, maître
de son foyer et libre de ses efforts, il est juste de lui
réserver le mérite d'un sacrifice volontaire, aussi léger
qu'il soit. C'est aussi, nous semble-t-il, s'écarter de la
saine morale que de suppléer à la raison et à la sagesse
de l'homme qui, pensant et agissant librement, doit
conserver le sentiment de la responsabilité, si on veut
voir se développer en lui les qualités morales qui mû-
rissent son esprit et son jugement. » (1)

(1) « Ce n'est pas, à notre point de vue, écrit M. PAUL LEROY-
BEAULIEU, la simple impossibilité ou du moins les énormes difficultés matérielles d'alimenter de ressources saffisantes une
pareille combinaison d'assurances qui doivent faire rejeter ce
système. Les causes qui le condamnent sont plus élevées ; c'est la
substitution même à la prévoyance personnelle, reposant sur
l'énergie propre et les sacrifices soutenus, d'une assurance
automatique, fonctionnant en dehors de tout effort individuel,
qui constitue une sorte de déchéance morale ; la proclamation de
cet état de minorité, où seraient tenus tous les habitants du
pays, du moins tous ceux qui vivent de leur travail quotidien,
affaiblirait à la longue le principal ressort de toute civilisation et
de tous progrès, l'initiative personnelle et la responsabilité personnelle. L'échantillon humain dans les sociétés civilisées qui

reculera pas devant les charges d'une famille nom-
breuse ? Dans un pays où la population n'augmente
pas, cette considération n'est pas sans valeur.

Qui sait, d'ailleurs, si dans les budgets les plus
humbles le prélèvement obligatoire n'apportera pas un
trouble dangereux ? Tout le monde est aujourd'hui d'accord pour reconnaître qu'il y a dans l'échelle des salaires un minimum qu'on ne peut franchir. Les enquêtes
de l'Office du travail enseignent que le salaire moyen
de l'ouvrier adulte masculin ressortit, pour toute la
France, à 4 fr. 20 par jour (6 fr. 15 dans le département
de la Seine ; 3 fr. 90 dans les autres départements).
Pour l'ouvrière adulte, la moyenne tombe à 2 fr. 20
(3 francs dans la Seine, 2 fr. 10 dans les autres départements) (1). Les moyennes sont supérieures au taux
légal de 1 fr. 50, au-dessous duquel le prélèvement n'est
plus obligatoire. Mais croit-on qu'un travailleur gagnant 2 francs par jour pourra aisément supporter cette
obligation ? Peu d'hommes, dira-t-on, ont d'aussi faibles
salaires. Les femmes seules connaissent ces rétributions
dérisoires. Beaucoup ne gagnent que 1 fr. 50, 1 fr. 25
et parfois moins (2). Ce gain, il est vrai, ne fournit le

(1) Voir également DE FOVILLE, *Le budget de l'ouvrier au
XIX*e *et au XX*e *siècle* (Le Correspondant, 10 février 1905).

(2) De l'enquête faite sur la condition des ouvrières lyonnaises
par M. Bonnevay, il ressort que des métiers répandus n'assurent
que des salaires infimes. Des ouvrières d'habileté moyenne,
occupées dans l'industrie du tulle au chenillage ou mouchetage,
et payées suivant les tarifs aux pièces, gagnent, pour douze heures

10

plus souvent qu'un salaire d'appoint. La femme appartient à un groupe, la famille, dont le chef, le mari, procure la plus grosse part des ressources. La femme n'a besoin en général que d'apporter un supplément. Cependant il y a des exceptions : il y a des isolées, des abandonnées. Parmi celles qui ont un salaire supérieur au minimum légal de 1 fr. 50, ne croit-on pas que beaucoup seront hors d'état de subir le prélèvement ? M. d'Haussonville et M. Charles Benoist ont, dans de savantes études, décrit la misère de certaines ouvrières (1). Si nous prenons avec eux l'exemple d'une ou-

de travail, de 1 fr. 03 à 1 fr. 20. Encore doivent-elles subir deux mois de morte saison. La découpeuse en dentelle fait des journées 0 fr. 75 à 1 fr. 50. La finisseuse de chemises qui fait deux pièces en douze heures, reçoit 0 fr. 50 ou 0 fr. 60 par pièce et paie elle-même ses fils et aiguilles et sa machine à coudre, (BONNEVAY, *Les ouvrières lyonnaises travaillant à domicile. Misères et remèdes*, Paris, 1896). Les statistiques de l'Office du travail confirment ces tristes enseignements en révélant que certaines ouvrières de la lingerie et de la confection pour hommes ne gagnent à Paris que 1 fr. à 1 fr. 30 par jour. (*Office du travail, salaires et durée du travail dans l'industrie française*, tome II, et *Enquête sur le Travail à domicile dans l'industrie de la Lingerie*, 1907). Ce mal n'est d'ailleurs pas propre à la France. Les nations voisines connaissent la précarité, la détresse de ces situations féminines. On se rappelle la célèbre élégie anglaise, dans laquelle une ouvrière en chambre gémit sur sa triste fortune :

> Oh God! that bread should be so dear,
> And flesh and blood so cheap !

(1) CHARLES BENOIST, *Les ouvrières de l'aiguille à Paris*, Paris, 1895. — D'HAUSSONVILLE, *Salaires et misères de femmes*, Paris, 1900.

vrière gagnant 600 francs par an, ce qui représente
300 jours de travail et exclut par suite tout chômage,
nous constatons que son budget de dépenses s'élève à
un minimum de 596 fr. 50 (1). Vienne la maladie ou le
chômage et déjà le budget n'est plus en équilibre.

(1) Loyer............................ .... 160 fr.
2 robes à 10 fr............................... 20 »
1 confection .... 12 »
4 paires de chaussures à 5 fr. .... 20 »
2 chapeaux à 3 fr...........................   6 »
3 chemises à 2 fr...........................   6 »
2 camisoles à 2 fr..........................   4 »
4 mouchoirs à 0 fr. 50 ....   2 »
2 draps (entretien)..........................   3 »
4 serviettes à 0 fr. 75......................   3 »
Eclairage....... .... 10 »
Chauffage .... 12 »
2 petits tabliers noirs à 1 fr. 50...........   3 »
1 jupon ....   2 »
Etrennes de la concierge.....................   5 »

     TOTAL........................... 268 »

Nourriture (par jour).

1 livre de pain............................. 0 20
Lait (le matin)............................. 0 10
1 côtelette (à midi) 0 25
Vin 0 10
Charbon..................................... 0 05
Légumes 0 10
Beurre 0 10
                                  0 90

soit par an 328 fr. 50 pour la nourriture et pour l'ensemble des
dépenses indispensables 596 fr. 50.

Où l'ouvrière, qui gagne si peu, prendra-t-elle les 12 fr. du prélèvement obligatoire? « Il existe des salaires incompressibles, dont on ne peut rien retrancher : leur taux varie suivant les besoins de la famille, le nombre des enfants, les mille conditions de l'existence quotidienne. Pour savoir où commence l'extrême nécessité qui légitime la consommation immédiate et totale du gain journalier, il faudrait scruter les consciences, pénétrer au foyer domestique, analyser le budget familial — en un mot, instituer la plus tyrannique et la plus révoltante des inquisitions. » (1)

Que si l'obligation cependant atteint ces budgets infimes, n'est-il pas clair que la prévoyance devient ici une opération dangereuse ? L'épargne suppose un excédent de recettes, un boni. S'il n'y a pas d'excédent, le montant de l'épargne ne peut être pris que sur le nécessaire, et là est le danger. « S'il est imprudent de sacrifier les besoins à venir aux besoins présents, il serait insensé, à l'inverse, de sacrifier le présent à l'avenir. » (2)

L'assurance obligatoire n'a-t-elle pas, en outre, une conséquence anti-sociale ? Dans une famille où le père seul travaille, lui seul se verra constituer une retraite. Le prélèvement obligatoire, privant le budget familial d'une part de ses ressources, atteint cependant tous les membres du groupe et ceux-ci n'ont droit à rien. Si le

(1) IMBERT, p. 180.
(2) CH. GIDE, *Principes d'économie politique*, Paris, 8ᵉ édit. 1903, in-12.

père a demandé que ses cotisations soient versées à capital aliéné, pour augmenter sa rente future, et qu'il meurt prématurément, aucune des sommes prélevées sur le budget familial ne fera retour aux survivants.

S'il est vrai que ce soit un mal, mais un mal inévitable, que de voir les femmes à l'usine, qui ne devine que la loi sera pour elles une raison puissante à rechercher le travail des manufactures ou des ateliers ? Si la femme reste au foyer, gardienne des enfants et du ménage, la loi ne lui promet ni rente de vieillesse, ni rente d'invalidité. Entre-t-elle à l'usine, le patron et l'Etat vont, moyennant une retenue sur son salaire, lui garantir une retraite. Résistera-t-elle à la tentation de sacrifier sa famille à la pension future ?

Enfin ne devine-t-on pas que la disposition de la loi portant que la portion du salaire servie en nature entrera en compte pour la détermination du salaire quotidien, sera une source d'inévitables difficultés ? Le travailleur qui recevra en même temps une rétribution en espèces de 300 fr. et un salaire en nature de même valeur sera réputé, aux termes de la loi, recevoir un salaire annuel de 600 fr. et subira le prélèvement de 2 0/0 sur cette somme. Mais l'évaluation du salaire en nature ne sera pas toujours chose aisée ; ce salaire affecte des formes diverses (logement, nourriture, vêtements, etc...) Quel criterium établira-t-on pour déterminer la valeur exacte de cette rétribution ? Pour les colons partiaires, métayers et fermiers, comment apprécier la valeur de

10.

la récolte, c'est-à-dire le gain, qui servira de base au prélèvement et à la contribution patronale? La Chambre elle-même a si bien aperçu la difficulté qu'elle n'a pas entrepris de la résoudre ; elle a renvoyé à des règlements d'administration publique le soin de répondre à cette question.

.*.

Non moins nombreuses se pressent les objections tirées de l'obligation imposée aux patrons. Nous en avons vu plusieurs dans les réponses adressées en 1901 par les Chambres de commerce à l'enquête parlementaire. Pourquoi, dit-on, infliger aux chefs d'entreprise, après qu'ils ont rémunéré à leur juste prix le travail de leurs ouvriers, l'obligation de verser un supplément de salaire ? Si ce supplément est tenu pour un gage de générosité ou du moins de solidarité, pourquoi contraindre les patrons à exercer leur bienveillance, ou à faire acte de solidarité, selon un mode unique, impérativement prescrit ? Ne peut-on les laisser libres d'organiser en faveur de leurs employés les œuvres d'assistance qui leur paraîtront les plus utiles, les plus urgentes? Sur le commerce, l'industrie et l'agriculture, qui souffrent déjà d'une crise douloureuse, une charge nouvelle va peser, qui les écrasera. Encore si cette charge ne s'accompagnait pas d'une aggravation des impôts. Mais l'Etat, qui promet aux ouvriers une majoration de leurs pensions, voudra pour ces dépenses nouvelles des ressources neuves et exigera des contribuables des efforts plus lourds. L'industrie étrangère, plus libre, fournira ses produits à un prix moindre jusque sur nos marchés ; l'élan, l'activité de nos usines vont être paralysées, nos cultures ruinées par la concurrence des grands pays agricoles (1). Enfin n'est-il pas à craindre que l'amoncellement entre les mains de l'Etat de la masse des fonds versés pour les retraites n'amène une nouvelle baisse du taux de l'intérêt, ne fasse du Trésor le seul détenteur de la rente publique et ne provoque un exode des capitaux, désireux de trouver à l'étranger une rémunération meilleure ou d'autres placements d'Etat ? (2).

(1) Costier, *Les retraites ouvrières en France et à l'étranger*, Paris, 1898, in-12.

(2) Dans l'éloquent discours qu'il prononçait à la Chambre le 22 février 1906, M. Jules Roche estimant à 20 milliards le montant probable de l'avoir de la future caisse s'exprimait en ces termes : « Votre caisse de 20 milliards, il n'y a qu'un moyen de la garantir, de la mettre à l'abri des aventures, c'est de l'administrer, si c'est possible, — et ici je vous fais une concession pour les besoins du raisonnement, — comme on administre les caisses de ce genre, comme on administre la caisse d'épargne et la caisse nationale pour la vieillesse, avec des placements de tout repos.

« Mais alors où trouverez-vous ces placements ? C'est ici le fond de la loi ; je demande à la Chambre la permission d'insister sur ce point.

« Où donc les trouverez-vous ? On a dit dans une interruption : ce sera la substitution de l'Etat aux rentiers. Soit. Je l'admets par hypothèse. Voilà donc l'Etat qui va devenir le seul propriétaire de la rente publique. Mais, pour devenir propriétaire de la rente publique, vous chasserez donc les capitaux privés qui se sont placés sur elle aujourd'hui ? Or, ces capitaux, ne vous méprenez pas sur leur caractère, ce sont des capitaux timides

Enfin l'on ajoute que l'intervention de l'Etat provoquera un accroissement formidable des charges des contribuables. On parle de plusieurs centaines de millions. M. Jules Roche, supputant l'ensemble des charges imposées au commerce, à l'industrie et à l'Etat, cite le chiffre de 1 milliard (1). M. Paul Leroy-Beaulieu prédit une dépense de 1 milliard à 1 milliard et demi (2). Le Ministre des Finances, n'envisageant que la dépense probable imputable au Trésor, en vertu de la proposition de 1906, l'évaluait en chiffre rond à 250 millions pour la période transitoire et à 300 millions pour le régime constant (3). Tout récemment M. Cuvinot calculait, nous l'avons vu, la dépense de l'Etat à raison de 425 millions pour la période constante.

*

et prudents ; à tort ou à raison, ils ne veulent pas travailler, ils ne veulent pas s'engager dans les entreprises industrielles et commerciales et c'est pourquoi ils se réfugient chez M. le Ministre des Finances.

« Lorsque vous les aurez chassés de la rente, croyez-vous que vous leur aurez inspiré un esprit de hardiesse qu'ils n'ont point, et qu'ils se jetteront dans les entreprises industrielles et commerciales ? Point du tout. Ils iront ailleurs, ils quitteront la France ; ils iront à l'étranger chercher ces placements d'Etat, en lesquels seulement ils placent leur confiance ; de sorte que vous aurez, en définitive, immobilisé — c'est là le fond des choses, un capital de 20 milliards qui actuellement travaille et produit de nouvelles richesses. »

(1) Séance de la Chambre du 21 février 1906.

(2) Paul Leroy-Beaulieu, *Traité théorique et pratique d'Economie politique*, tomo IV, p. 378 et sq.

(3) Séance de la Chambre du 22 février 1906.

Certes plusieurs de ces raisons sont fortes et quelques-uns de ces arguments sont puissants.

Mais après les résultats médiocres, sinon l'échec de toutes les œuvres d'assurance facultative que nous avons examinées, est-il possible encore d'espérer de la seule liberté une solution complète du problème des retraites? N'a-t-on pas déjà compté de ce côté trop de désillusions pour conserver une foi entière dans la vertu du principe? L'ignorance, la force d'inertie, l'imprévoyance demeurent trop puissantes pour qu'on puisse négliger leurs effets. Le mot de M. Jay n'est que trop vrai : « L'assurance ouvrière pour la vieillesse sera obligatoire ou ne sera pas (1). »

Aussi bien l'obligation est-elle, en définitive, légitime, qu'il s'agisse du prélèvement sur le salaire, de la cotisation patronale ou de la majoration de l'Etat.

En ce qui concerne l'obligation imposée aux salariés, nous ne voyons pas en quoi elle mérite les attaques dirigées contre elle. C'est une vérité admise que l'ouvrier vieilli, abandonné, sans ressources, est un spectacle douloureux ; la misère est un mal que la société doit chercher à guérir. Déjà, il y a plus d'un siècle, Malouet s'écriait à la Convention : « Le premier germe de cor-

_____

(1) Même des auteurs, hostiles au principe de l'obligation, conviennent volontiers qu'il existe chez les travailleurs une imprévoyance presque incorrigible. « Le travailleur rural, plus que tout autre, est en général imprévoyant... Chez presque tous l'ignorance n'est égalée que par l'indifférence en cette matière, etc... » ROBERT JAMET, op. cit. p. 44.

ruption dans un grand peuple, c'est la misère ; le plus
grand ennemi de la liberté et des bonnes mœurs,
c'est la misère ; le dernier terme de l'avilissement
pour un homme avant le crime, c'est la mendicité .»
Or, s'il est prouvé que le travailleur livré à lui-même
est trop ignorant, trop imprévoyant, trop faible pour
se prémunir contre cette calamité, quoi de plus juste
que de lui imposer un effort minime, puis de seconder
largement son action (1). Il est plaisant, en vérité, d'entendre soutenir que l'assurance obligatoire dégrade
l'homme, par ceux-là mêmes qui affichent le plus vif
désir de voir se développer les institutions libres d'épargne. Pourquoi en est-il qui admettent qu'un patron
impose à ses ouvriers l'affiliation à une caisse privée et
qui s'indignent quand l'obligation devient le fait de
l'Etat ? Si ces avocats de la liberté allaient au bout de
leur propre idée, ils appelleraient de tous leurs vœux
le jour où tous les salariés pratiqueraient la prévoyance.
Et n'est-ce pas là précisément ce que veut la proposition de loi ? Loin d'humilier l'ouvrier, l'obligation
développera en lui les idées saines et morales, qui sui-

---

(1) C'est en ce sens que M. PAUL DESCHANEL disait à la
Chambre : « Si nous voulons assurer un minimum de retraite à
la masse des petits salariés, c'est-à-dire aux plus intéressants, il
ne faut pas nous faire d'illusion, il n'y a qu'un moyen : c'est de
recourir, dans une mesure à déterminer, à l'obligation » (Séance
du 5 juillet 1905). Cf. de même M. CHARLES BENOIST : « La liberté
serait préférable, mais l'obligation est nécessaire » (Séance du
10 juillet 1905).

vent la pratique de cette vertu ; en supprimant les
imprévoyants, elle préservera la dignité de l'homme,
elle lui évitera l'angoisse de la misère ; en garantissant sa vieillesse contre les vicissitudes brutales de
la vie, elle élévera sa conscience. S'il est vrai qu'il faut
un aiguillon au labeur quotidien, ce besoin ne doit pas,
ne peut aller jusqu'à poser chaque jour devant l'homme
la crainte de la pire détresse, la question de vie ou de
mort ; un stimulant aussi inusité dépasserait le but et
découragerait l'ouvrier plutôt qu'il ne solliciterait son
activité. On ne travaille avec courage que lorsqu'on a
une lueur d'espoir, quand on aperçoit un mieux à
atteindre. Le travailleur assuré d'un modeste minimum
pour l'avenir exercera plus pleinement, plus librement
son activité dans le présent. L'exemple des fonctionnaires de l'Etat, des employés des grandes administrations,
des ouvriers mineurs, astreints au prélèvement obligatoire, ne prouve-t-il pas que la dignité humaine n'a
rien à voir dans l'affaire ? Où prend-on que chez ces
hommes le souci du devoir, le sentiment de la responsabilité soient amoindris (1). Leur situation n'est-elle

(1) Loin qu'il en soit ainsi en Allemagne, la loi sur l'assurance
obligatoire semble plutôt avoir amené les effets contraires. « Il
se produit, écrit M. Fuster, depuis que le législateur a mis cet
instrument entre les mains des hommes de bonne volonté,
comme une brassée de toute la matière sociale. De même que
les sous versés, semaine après semaine, par les futurs invalides rentrent dans le torrent circulatoire et leur retournent
sous forme d'amélioration de l'habitat, du régime sanitaire,
etc... avant de leur apparaître sous forme de rentes, de même

pas enviée bien plutôt que méprisée ? Qu'importe, au
reste, que l'ouvrier, affilié désormais à la Caisse nationale des Retraites ouvrières, délaisse certaines œuvres
de prévoyance libre ? La principale d'entre elles, la
Mutualité, conservera, de par la loi même, son importance et ses membres. Quant aux autres, ont-elles à ce
point résolu le problème qu'avaient en vue leurs défen-
seurs, pour qu'on les tienne pour intangibles, nécessaires et sacrées ?

On ne saurait davantage tirer argument du nombre
de réponses défavorables à l'obligation qu'ont enregistré
successivement les deux enquêtes parlementaires de
1901 et de 1907. En 1901, « le monde des travailleurs »
manifestait « une aversion presque aussi générale
qu'irrésistible pour la prévoyance obligatoire » (1). L'enquête du Sénat révèle encore des répugnances analogues. Le tableau suivant résume les avis des divers
groupements qui ont répondu (2) :

l'attribution de responsabilités nouvelles aux organes de la
direction gouvernementale ou municipale et la participation
des intéressés eux-mêmes au fonctionnement toujours plus
complexe de cet instrument de réformes sociales, transfor-
ment la notion de la vie sociale, du progrès et de la révolution
et modifient, on peut l'affirmer, la mentalité politique des
diverses classes de la société. » (Congrès international des
Accidents du Travail et des Assurances sociales, Dusseldorf, 1902,
Rapports et procès-verbaux des séances, p. 874). Cf. aussi RAOUL
JAY, l'Assurance ouvrière et la solidarité dans l'industrie (Rev.
pol. et parlem. Sept. 1905, p. 470).

(1) MAURICE BELLOM, Rev. pol. et parlem. Janv. 1902, p. 138.
(2) Le Temps, 14 novembre 1907.

Favorables au système de la Prévoyance libre	Favorables au système de l'obligation	Réponses imprécises	Total
5.743	3.180	659	9.582

Mais qui ne voit que de 1901 à 1907 l'évolution des idées est sensible, éclatante ? Ce n'est plus une infime part des groupements consultés qui se prononce en faveur de l'obligation, c'est le tiers des réponses qui désormais la préfère. Attendait-on d'ailleurs des patrons ou des ouvriers une adhésion enthousiaste à un régime qui présente à leurs yeux l'aspect peu aimable d'une sorte d'impôt nouveau ? C'est beaucoup qu'ils s'y résignent. De l'enquête, menée par la Commission sénatoriale, doit sortir cet enseignement que la notion de prévoyance est en progrès et que la masse des travailleurs commence à s'accoutumer à l'idée d'une assurance obligatoire.

La proposition de loi, en outre, n'accable pas de charges intolérables les petits budgets et ne va à l'encontre ni de la constitution d'un petit patrimoine ni des intérêts de la famille. Sur le premier point nous avons vu que l'article 3 exempte du prélèvement les salaires inférieurs à 1 fr. 50. Nous souhaiterions, il est vrai, que ce minimum variât avec les conditions de la famille et le nombre des enfants (1). Le Sénat sans doute amen-

(1) Cf. séance de la Chambre des 5, 6 et 10 juillet 1905. Une rédaction, non votée, avait également prévu l'abaissement du pourcentage à 1/2 % ou même 1 % pour certaines catégories

dera la proposition en ce sens. Retenons que la Chambre
a reconnu qu'il est des budgets incompressibles. En
faveur des assurés mutuali. ies, elle a d'ailleurs, nous
le verrons plus loin, pris à cet égard des dispositions
particulièrement bienveillantes (1). — Sur le second
point, le texte voté a cet avantage d'introduire dans
notre législation le principe de la constitution du bien
familial, avant que les propositions spéciales sur la
matière aient abouti (2). L'article 7 porte que, du jour
où sa pension dépasse 360 fr., l'assuré « peut à toute
époque affecter la valeur actuelle du surplus, soit à
une assurance en cas de décès, soit à l'acquisition

d'entreprises, que désignerait un règlement d'administration
publique. (Séance de la Chambre du 18 janvier 1906).

(1) Du reste, à en croire les résultats d'une étude conduite
par un économiste allemand, le prix de la vie n'absorberait
guère, *dans la majeure partie des cas*, que les 4/5 environ du
salaire. Voici quel serait le coût de la vie d'une famille appartenant aux classes ouvrières dans les principaux pays :

	Gⁿ·-Bretagne	Etats-Unis	France	Allemagne	Belgique	Suisse
Nourriture	48.8 %	41.0 %	48.9 %	49.0 %	46.7 %	52.0 %
Logement.	11.8	15 1	10.4	8.7	9.7	9.0
Vêtement .	14.6	15.3	14.7	17.3	20.4	14.3
Chauffage et éclairage	6.4	5.9	6.6	5.6	5 7	8.4
Total....	81.6 %	77.3 %	80.6 %	80.6 %	82.5 %	84.3 %

Nous donnons ces chiffres sous toutes réserves. (Voir *Zeitschrift
für Socialwissenschaft*, II, 1904, cité par J. LEFORT, *op. cit.* I,
p. 9).

(2) Louis FLACH, *De l'institution en France d'un bien de famille
insaisissable*, Caen, 1906, in-8°.

d'une terre ou d'une habitation, qui deviendra inaliénable et insaisissable dans les conditions déterminées par une loi spéciale ». Le vœu de la Chambre est si peu de sacrifier au mari ou au père les intérêts de la famille que des dispositions spéciales ont été prises en faveur des veuves et orphelins, indépendamment de celles que l'assuré peut prendre spontanément en leur faveur en vertu du texte ci-dessus (1). Le législateur a pensé qu'au décès du chef de la famille il s'écoule parfois plusieurs mois où celle-ci demeure sans ressources ; une allocation de 50 fr. par mois est réservée pendant 6 mois à la veuve ou aux orphelins âgés de moins de 16 ans (article 10) (2). Au cas où il

(1) Ajoutons que la femme de l'assuré est toujours libre de se constituer une pension dans les conditions ordinaires des retraites facultatives (voir art. 37). En sorte qu'il est faux de prétendre qu'en dehors de l'usine ou de l'atelier, la mère de famille est condamnée à n'avoir pas une vieillesse garantie du besoin. La vérité est cependant qu'elle n'usera peut-être pas aussi souvent qu'on le souhaiterait, de la faculté qui lui est impartie.

(2) M. ANDRIEU avait proposé une allocation de 40 fr. par mois pendant un an. M. JOSEPH BRISSON et M. FLEURY-RAVARIN avaient demandé la reversibilité de la pension au profit de la veuve ou des orphelins. Ces amendements qui auraient eu une répercussion fâcheuse sur le budget ont été repoussés à la Chambre (Séance du 1er février 1906). Mais la Commission n'a point nié que sur ce point une amélioration devînt un jour possible. « Ce capital... dit M. GUIEYSSE, rapporteur, nous n'avons pu le fixer qu'à 300 fr. regrettant de ne pouvoir faire davantage, mais je répondrai qu'il est essentiel de poser immédiatement les bases d'une subvention sérieuse et que l'expérience montrera s'il est possible d'en élever ultérieurement le montant. »

n'y a qu'un seul orphelin l'allocation lui est servie ; elle est payée à la famille des assurés n'ayant pas atteint l'âge de la retraite comme aux survivants de ceux qui sont retraités ; même elle est donnée aux héritiers du travailleur qui, à raison de l'exiguïté de son salaire, n'aura personnellement rien versé à la Caisse. Enfin cette disposition est exécutoire dès la promulgation de la loi, le défunt n'aurait-il à son nom qu'une seule cotisation (1).

Ainsi se trouveraient réfutées les objections de détail (2) dirigées contre le principe de l'obligation, si .ce principe ne trouvait en lui-même sa propre et une éclatante justification. Les projets ne manquent pas qui tendent à octroyer une rente à l'ouvrier vieilli ou infirme, sans lui demander aucune cotisation durant ses années de travail. Mais sans même évoquer les

(1) Selon nous, ces mesures ne devraient pas être applicables aux étrangers, — sauf aux sujets des pays consentant à nos nationaux des avantages semblables et sauf à ceux qui réaliseraient la condition d'ancienneté de séjour, fixée à dix ou douze ans, comme nous voudrions la voir déterminée.

(2) Nous ne répondrons qu'en quelques mots à l'argument tiré de la difficulté d'évaluer les salaires en nature : la loi ne peut viser les cas particuliers, elle pose la règle générale. Il n'est pas impossible à un règlement d'administration publique de déterminer les bases d'une évaluation de ce genre. Nous pensons de même qu'un règlement pourra aisément fixer les conditions pratiques suivant lesquelles s'appréciera la valeur de la récolte qui servira de base à la cotisation des colons partiaires, métayers et fermiers, ainsi qu'à la contribution du propriétaire-patron.

charges qui de ce chef pèseraient sur le budget (1), qui ne voit qu'une telle solution ne diffère en rien de l'assistance, qu'on est unanime à décrier? Ce sont principalement les partis socialistes qui ont fait le procès de la charité ou publique ou privée. N'est-il pas curieux de constater que ce sont souvent des socialistes (Escuyer, Chauvière, Mirman), qui, dans la générosité de leurs rêves, ont réclamé la retraite pour tous sans contribution de l'ouvrier? La vieillesse qui est un fait fatalement prévu, l'invalidité, qui n'est qu'une manière de vieillesse prématurée, ne peuvent, ne doivent pas s'appuyer uniquement sur le concours, même volontaire, même légal, d'autrui. L'exemple de la Nouvelle-Zélande ne prouve rien en notre pays : le *Old Age Pension Act* ne s'applique que dans une contrée neuve, où la population n'est pas considérable, où les impôts pèsent lourdement sur les moyennes et grosses fortunes, où le Gouvernement enfin s'efforce de développer, parallèlement à l'institution légale, l'usage des assurances s·r la vie, dont il a le monopole. On s'est même demandé si la grande loi de solidarité sociale de 1898 n'était pas une mesure transitoire, dont les conséquences dispendieuses seraient bientôt atténuées par

(1) D'après le calcul de l'Office du travail, l'octroi d'une pension de 400 francs aux ouvriers réunissant les conditions voulues — et ce chiffre est le plus faible de tous ceux qui ont été proposés dans les divers systèmes de ce genre — grèverait nos finances du total fantastique de 638 millions par an.

une organisation méthodique de l'assurance (1). Il est
bon que l'ouvrier participe à l'œuvre de prévoyance,
dont il est appelé à bénéficier. C'est ici qu'on peut invo-
quer la dignité humaine : elle est intéressée manifestement à ce que l'assuré fasse le premier, même dans
une mesure infime, un sacrifice en sa propre faveur.
Là est le devoir du travailleur, par là s'affirmera son
souci d'agir en citoyen libre et en père de famille prévoyant. L'Etat, en l'y contraignant, n'attente pas à son
indépendance. Il le rappelle à son devoir. La liberté
n'est pas la faculté laissée à chacun d'agir selon son bon
plaisir ; elle est la faculté, — un texte illustre nous l'a
enseigné, — de faire, sous les lois, ce qui ne nuit pas à
autrui. Or, quand l'homme se dérobe à l'obligation
morale de la prévoyance, il commet un dol à l'égard de
ses concitoyens. Il fait de soi-même une non-valeur
sociale « qui tombera tôt ou tard à la charge de la
collectivité sous forme d'assistance, et comme il n'est
point d'Etat moderne qui ait le triste courage de lui
faire supporter les conséquences de sa conduite en le
laissant mourir de faim, c'est un calcul prudent et
nécessaire de le contraindre à s'assurer et de faire de
son devoir moral une obligation de droit positif » (2).
L'Etat n'abuse pas ici de son autorité. Par le fait même
qu'il est l'Etat, il a un devoir de conservation à remplir
et des missions à poursuivre. Il doit garder contre la

---

(1) G. FRÉVILLE, *Les retraites ouvrières*, p. 30.
(2) G. SALAUN, *op. cit.* Rev. pol. et parl., avril 1901, p. 117-118.

guerre étrangère le sol de la patrie, il doit protéger
contre l'ignorance, qui est la plus étroite des servitudes,
la liberté et l'intelligence de ses sujets. De même en
imposant un minimum de prévoyance, il se défend
contre la calamité sociale du paupérisme. L'Etat n'a-
t-il pas enfin un droit de protection sur les individus ?
Cette mission salutaire doit s'exercer chaque fois que
la vie et la moralité du citoyen sont en péril. Quand
il est démontré que l'individu ne peut suffire à conjurer
le danger, l'Etat doit intervenir. Où trouverait-il une
plus belle occasion d'agir ? N'est-il pas l'émanation, la
représentation d'une assemblée de citoyens, unis par
contrat pour s'entr'aider, se secourir mutuellement?

Aussi bien le principe de l'assurance obligatoire est-il
aujourd'hui de moins en moins contesté. Ses ennemis
paraissent même lui tenir rancune moins du mal qu'il
fait à la liberté, invoquée à tort en l'occurrence, que du
préjudice qu'il peut causer aux intérêts patronaux. Sur
ce point non plus on ne peut cependant douter que
l'obligation ne soit légitime.

.*.

Les socialistes de la chaire et les économistes allemands de l'école de Radowitz et de Rodbertus la justifient par un raisonnement, auquel on ne peut certes
reprocher de pécher par un excès de sentimentalité. La
contribution patronale, disent-ils, représente en pareille

matière l'amortissement du *capital humain* et rentre à ce titre dans les frais généraux d'entreprise. Dans l'antiquité le maître achetait ses esclaves ; et chaque jour il épargnait sur ses bénéfices de quoi constituer une prime d'amortissement de ce capital humain. Ne fallait-il pas songer à remplacer l'esclave mort, vieilli ou infirme ? Dès lors pourquoi le régime actuel du salariat libérerait-il les patrons d'une charge qui leur incombait au temps de l'esclavage ? Cette solution donnerait à l'ouvrier libre de nos jours une condition pire que celle de l'esclave antique.

Au reste, et sans raisonner avec cette dureté, ne paraît-il pas équitable et logique que le patron contribue pour sa part à la retraite de ses vieux serviteurs, de ceux qui lui ont apporté dans leur jeunesse le concours de leurs bras, le facteur principal de la mise en valeur de son capital ? L'ouvrier n'est pas une machine. Il est le collaborateur du patron, et le salaire qu'il peut légitimement exiger de celui-ci ne doit pas suffire uniquement à sa vie de chaque jour, il doit encore le protéger contre les risques futurs d'invalidité. La contribution patronale doit être tenue pour une part, ou, si l'on veut, pour un prolongement du salaire. Sismondi écrivait, il y a bientôt cent ans : « Le salaire n'est pas seulement une compensation du travail, calculée tant par heure suivant sa durée ; c'est le revenu du pauvre, et, en conséquence, il doit suffire non seulement à son entretien pendant l'activité mais aussi pendant la rémis-

sion du travail » (1). Et dans la parole célèbre de
Jean Dollfus : « Le patron doit à son ouvrier plus que
le salaire », la pension non plus n'était pas oubliée.
Sur ce point les théoriciens catholiques sont d'accord
avec les socialistes (2). Que les encycliques de Léon XIII
représentent l'ouvrier comme le frère en religion du
patron et astreignent celui-ci à un devoir chrétien de
protection vis-à-vis de celui-là, ou qu'un Karl Marx
considère le travail comme une marchandise valant
un prix donné et dont l'achat ne se peut traiter que dans
des conditions équitables et déterminées, les deux doctrines aboutissent à un seul résultat ; si les prémisses du
raisonnement des deux écoles diffèrent, la conclusion est
la même : la contribution patronale est indispensable.
« L'assurance ouvrière obligatoire, a-t-on écrit, c'est
bien moins l'ouvrier obligé de s'assurer, que l'industrie
obligée de garantir le droit à la vie de l'ouvrier et de sa
famille, aussi bien lorsque la maladie, l'invalidité, la
vieillesse, la mort prématurée ou le chômage ont fait

(1) SISMONDI, *Nouveaux principes d'économie politique, ou la
richesse dans ses rapports avec la population*. Paris, 2ᵉ édit. 1827
(Livre IV, Chap. V, Des salaires).

(2) Voir plus haut le projet de loi déposé par MM. DE MUN et
FREPPEL. Cf. aussi le discours de M. PAUL LEROLLE à la Chambre :
« Partout, il faut le dire à l'honneur de notre temps et de notre
pays, l'idée se répand de plus en plus que le patron n'a pas épuisé
tout son devoir moral lorsqu'il a payé à ses ouvriers le salaire
normal ». (Séance du 23 janvier 1906).

tomber l'outil de ses mains qu'aux époques de travail productif » (1).

L'obligation apparaît même d'autant plus stricte que, si l'on s'en remet au bon vouloir des chefs d'entreprise, on assistera à ce résultat déconcertant : les patrons réfractaires seront exempts de frais pesant sur leurs concurrents plus généreux. « Les plus humains, disait M. Millerand, seraient les dupes de leur générosité » (2).

L'argument tiré de l'aggravation générale des charges du commerce, de l'industrie et de l'agriculture ne porte pas davantage. L'industrie minière en France n'a pas souffert des effets de la loi de 1894 sur les ouvriers mineurs. Le prodigieux essor économique de l'Allemagne réfute mieux encore l'objection. Dans ce pays, dont le commerce extérieur est passé de sept milliards en 1876 à plus de treize en 1905, on n'aperçoit pas que la mise en vigueur de la législation de 1899 ait

---

(1) RAOUL JAY. *L'assurance ouvrière et la solidarité dans l'Industrie.* (Rev. pol. et parlem. Sept. 1903, p. 456). — M. PAUL IMBERT, l'auteur du très bon livre sur les *Retraites des travailleurs*, que nous avons déjà cité plusieurs fois, préconise même un système dans lequel les patrons seraient contraints de participer aux charges de l'assurance et les ouvriers libres de verser leurs cotisations. « Le patron, assujetti à des versements au profit de son personnel, lui constitue en quelque sorte des demi-retraites. L'ouvrier reste libre de faire le surplus » (p. 187). L'État intervient pour seconder l'effort du travailleur.

(2) La loi de 1898 sur les accidents du travail a imposé des charges aux patrons. Pourquoi *l'assurance contre la vieillesse et l'invalidité* se ferait-elle sans leur concours ?

entravé le progrès des affaires. « Loin de diminuer
notre capacité de concurrence, écrivait M. Bœdiker au
Congrès de Dusseldorf en 1902, l'assurance ouvrière a
été un facteur essentiel de l'heureux développement
économique de l'Allemagne moderne. A ce point que
nous pourrions voir, sans aucune crainte pour notre
capacité de concurrence, tous les autres pays refuser
de faire quoi que ce soit pour leurs ouvriers ... Les
patrons eux-mêmes croient si peu que leur capacité de
concurrence est compromise par les charges d'assurances ouvrières, qu'on voit depuis bien des années
s'accroître le montant des sacrifices volontaires faits
par eux en faveur des employés et ouvriers, sacrifices
qui ont dépassé, en 1901, quatre-vingts millions de
marks et qu'on a vu sans cesse créer et développer les
plus diverses institutions libres de patronage à côté de
l'organisation de l'assurance obligatoire » (1).

Sur ce point les petits propriétaires ruraux sont même
investis d'un privilège qu'appelait justement la précarité
de leur condition. S'ils sont âgés de plus de 60 ans et n'ont
d'autres revenus que la perception de fermages n'excédant pas 500 fr., ils sont dispensés de toute contribution
(art. 35). C'est l'application aux petits cultivateurs du
même principe d'équité, qui a fait exempter de la cotisation
les travailleurs gagnant seulement 1 fr. 50 par jour (2).

(1) Cité par VITALI, *op. cital.*, p. 67.
(2) Pour être plus équitable encore, on pourrait peut-être supprimer la condition d'âge : elle n'existe pas pour les salariés dont
le gain n'excède pas 1 fr. 50 par jour.

Aussi le législateur français a-t-il pu, sans crainte, prendre ses précautions pour que le patron ne se décharge pas sur l'ouvrier, grâce à un expédient, de son obligatoire contribution. Celle-ci demeure à la charge exclusive de l'employeur. « Toute convention contraire est nulle de plein droit » (art. 3).

.

Enfin l'intervention de l'Etat dans la majoration des pensions est, elle aussi, justifiée et nécessaire. Toutes les écoles ont sur ce point apporté leurs arguments. Les Catholiques fondent l'intervention de l'Etat sur le devoir de charité chrétienne qui s'impose à tous les membres d'une même société. — Les mutualistes légitiment les subventions ou majorations officielles par la nécessité d'encourager la pratique de la prévoyance. S'ils s'en tiennent au régime de la liberté individuelle subsidiée, c'est qu'ils s'arrêtent à mi-chemin dans leur propre système ; car l'affiliation obligatoire à la Caisse des retraites, qu'est-ce sinon la prévoyance devenue universelle, c'est-à-dire la réalisation même de leurs vœux? Et les charges imposées de ce fait au budget ne correspondent-elles pas exactement aux charges *maxima* du régime mutualiste, que celui-ci se doit à lui-même d'atteindre, sous peine de contradiction dans son principe? — La doctrine de la solidarité, si brillamment exposée par M. Léon Bourgeois, représente l'homme comme ne vivant que

d'emprunts à ses devanciers ou à ses contemporains; rap-
pelant la forte parole d'Auguste Comte : « Nous naissons
chargés d'obligations de toutes sortes envers la société »,
elle démontre que l'homme est un débiteur de l'association humaine et que celle-ci a des obligations positives
à remplir envers l'individu (1). — Les socialistes exposent de même que l'ouvrier par son travail rend service
à la collectivité et que celle ci acquitte une dette le jour
où elle pourvoit aux besoins du travailleur infirme ou
vieilli; mais ils dépassent les conclusions de l'école soli-
dariste quand ils exigent, comme nous l'avons vu, que
l'Etat assure à lui seul, sans le concours personnel des
bénéficiaires, le service des pensions ouvrières.

Aussi trouvons-nous, sur le principe de cette intervention, l'unanime accord des hommes d'Etat, qui sont
le mieux informés de la question. Dans son rapport de
1900, M. Guieysse écrivait (2) : « L'intervention de l'Etat
est justifiée par l'inégale répartition des charges sociales entre les citoyens. Il est, en effet, indiscutable
que les impôts, même directs, mais surtout les impôts
indirects sont relativement d'autant plus lourds pour
les contribuables, que leurs ressources sont plus mo-
destes; de plus, les avantages ou les jouissances que
retirent les citoyens des grandes institutions, qui sont
nécessaires à la prospérité de la nation et en font la
gloire, sont bien différents suivant leurs conditions

(1) Léon Bourgeois. *Solidarité*, Paris, 1896, in-12.
(2) J. O. Documents Parlem. Chambre, 1900, Annexes, n° 1.502.

sociales. La société peut donc, doit donc en toute justice faire une restitution à ceux de ses membres que sa
mauvaise organisation a trop lésés dans la répartition
des charges communes. » Plusieurs fois M. Paul Deschanel a exprimé une opinion semblable : « Nous
croyons que l'Etat, a-t-il écrit, a d'autres devoirs que
celui d'assurer l'ordre matériel; que son intervention
peut être légitime quand l'individu est trop isolé ou
sacrifié, quand l'association est trop faible ou quand il
s'agit de préserver la société d'un mal (1). » Et encore :
« Pour nous, la question sociale ne peut être résolue
que par la collaboration des forces privées (individu,
association, coopération) avec les forces publiques
(commune, département, Etat) (2). » Même ceux qu'ef-
fraie le plus cette participation financière de l'Etat en
reconnaissent la nécessité et n'en combattent que les
proportions ; M. Jules Roche qualifie le projet de loi
sur les retraites d' « une œuvre utile de concorde
nationale (3). »

N'est-il pas au reste de l'intérêt même de l'Etat
d'intervenir? Encourager, compléter l'effort de prévoyance des citoyens, c'est diminuer d'autant les charges de l'assistance Des auteurs ont pensé que la loi du
14 juillet 1905 sur l'assistance obligatoire rendait inutile

(1) PAUL DESCHANEL, *La République nouvelle*, Paris, 1898, in-12.
(2) PAUL DESCHANEL, *La Question sociale*, Paris, 1899, in-12.
(3) Séances de la Chambre des députés des 21 et 22 février 1906.

un service général d'assurance. C'est plutôt l'assurance
obligatoire qui remplacera quelque jour l'assistance (1).

A l'objection tirée de la difficulté de placer des capitaux considérables, il est possible d'opposer l'exemple de l'Allemagne et
des Caisses françaises d'épargne, de la Caisse des dépôts et consignations, de la Caisse Nationale des Retraites pour la Vieillesse,
des Compagnies d'assurance. Ces organismes, qui ont des placements très importants à faire, ne paraissent pas jusqu'ici avoir
éprouvé d'embarras sérieux. En Allemagne, on a réussi à placer, avec une variété assez grande, les fonds provenant des
Caisses d'assurance. (Cf. Fuster. *Les capitaux des Caisses de retraites allemandes et leur emploi*, Paris, publication du Ministère du Commerce, 1905, in-8°).

(1) « Cette prévoyance obligatoire est destinée plus tard à remplacer cette loi de l'assistance obligatoire aux vieillards et aux
infirmes toute gratuite que nous venons de mettre dans la loi
française à partir du 1er janvier 1907. » (Discours de M. Charles
Dumont, député, à la Chambre, séance du 18 janvier 1906).

III

Constitution des pensions.

Les retraites seront constituées par le triple effort des ouvriers, des patrons et de l'Etat.

Tout assuré âgé de moins de soixante ans reçoit gratuitement un titre qui constate à la fois son affiliation à la Caisse et le montant des sommes payées. Ce peut être un livret où sont inscrits les versements, ou une carte annuelle d'identité où sont apposés des timbres-retraite représentant les cotisations ; un règlement d'administration publique déterminera le mode de ces constatations. Le système de la carte annuelle a été introduit, parce qu'il convient excellemment aux ouvriers qui n'ont pas d'emploi fixe ou du moins pas de lieu ordinaire de travail. Nombreux sont ceux qui passent, selon le hasard des embauchages, d'une usine à l'autre, d'une exploitation à la voisine, d'une ville à la ville prochaine. Une carte, qui se renouvelle, qui se remplace aisément en cas de perte, a paru pour eux préférable au livret.

Mais dans l'un ou l'autre cas, la proposition de loi dispose que, lors de chaque paye, à des intervalles qui ne peuvent excéder 16 jours pour les ouvriers et un mois pour les employés, l'inscription des versements doit être effectuée. Une unique exception est prévue : pour les ouvriers et employés de l'agriculture, dont la résidence peut être éloignée de toute caisse chargée de recueillir les versements, un régime un peu différent est adopté. Selon qu'ils sont employés à titre permanent ou intermittent, « les versements sur livrets individuels ou les appositions de timbres sur cartes d'identité sont effectués trimestriellement, ou bien lors de chaque paye dans les conditions déterminées par un règlement d'administration publique » (art. 35). Il incombe à l'employeur d'opérer les prélèvements et versements. Tel qui s'y dérobe est passible d'une amende de 16 à 100 fr. (art. 24).

Les cotisations du salarié sont placées à son choix, à capital aliéné ou réservé. Mais la réserve doit être spécifiée par l'assuré dès le premier versement, tandis qu'il demeure toujours libre de passer du régime de la réserve à celui de l'aliénation (art. 7).

La proposition ne dit pas à partir de quel âge l'ouvrier est autorisé ou astreint à opérer des versements. Mais il est clair que son intérêt est de commencer le plus tôt possible. Comme la loi ne limite à aucun maximum le chiffre de la retraite, il est certain que plus il commencera jeune à la constituer, plus aisément il pourra dépasser le minimum réglementaire de 360 francs indiqué par la proposition. Il est vraisemblable que le jour où l'institution sera en plein exercice, nombre d'ouvriers atteindront ainsi des pensions de 400 et 500 fr. Une autre combinaison s'offre aussi à l'assuré : il lui est loisible à partir de l'âge de 50 ans de réclamer la liquidation anticipée de sa retraite, dès qu'elle atteint 360 francs. Il peut dès lors recouvrer la pleine liberté de ses moyens d'épargne, conclure, comme nous l'avons vu, une assurance en cas de décès, commencer l'acquisition d'une maison, etc.

Dans tous les cas l'ouvrier demeure libre d'effectuer lui-même des versements supérieurs aux 2 0/0 de son salaire. La loi réserve ainsi à celui qui reçoit de hautes payes la possibilité de se constituer une pension plus élevée. Ces cotisations supplémentaires peuvent être temporaires, suivies, interrompues, reprises au gré du bénéficiaire.

Celui-ci à tout instant sait, d'ailleurs, le montant exact de son avoir et peut suivre l'accroissement graduel de sa pension. Non seulement son livret lui donne comme aux ouvriers mineurs soumis à la loi de 1894, l'état constitutif de sa retraite, mais il peut obtenir gratuitement, à toute réquisition, un bulletin indiquant le quantum précis de la pension qui lui était acquise au 31 décembre précédent, et s'il y a lieu, le chiffre du capital réservé à son nom.

.*.

La contribution imposée au patron est, en principe, de valeur égale à celle que subit obligatoirement l'ou-

vrier (1). Nous avons déjà relevé dans notre examen de
la législation belge le défaut que présente un tel sys·
tème. Allouer au salarié, qui déjà reçoit un salaire
élevé, une contribution égale à son propre versement,
n'est-ce pas oublier les principes fondamentaux d'un
système équitable de pensions ouvrières ? N'est-ce pas
faire peser au-delà de la vie active le poids douloureux
des injures du sort sur le travailleur, que la mauvaise
chance, la faiblesse physique ou le défaut de connais-
sances ont condamné à la perpétuité des petits salaires?
N'est-ce pas, comme on l'a dit très justement, sacrifier
les humbles et donner aux riches ? (2) Assurément,
la crainte de ne percevoir qu'une retraite infime serait,
aux termes de la proposition de 1906, épargnée à l'ouvrier mal payé. Garantissant à chacun un minimum de
pension de 360 francs, la proposition promet aux travailleurs une majoration de l'Etat d'autant plus forte
que la rente constituée à leur nom est moindre. Dans la
formation de la retraite, les finances publiques sont
sollicitées de compenser la maigreur des salaires et des
cotisations de l'ouvrier peu rétribué. Mais désireux
de restreindre les charges imputées au Trésor, nous
sommes conduits à préférer à ce mode de majoration

---

(1) Il est sous entendu que si l'ouvrier verse des cotisations su·
périeures aux 2 0/0 de son salaire, le patron n'est pas tenu de
cotiser au-delà du quantum légal. Les versements supplémentaires sont, pour lui comme pour le salarié, purement facultatifs.

(2) Imbert, *op. cit.*, p. 192.

toute disposition capable d'augmenter la retraite. Et
nous ne voyons point de méthode plus simple, plus sûre
ni plus rationnelle que de rendre la contribution de
l'employeur proportionnellement d'autant plus forte
que le gain de l'employé est plus faible. C'est rétablir
l'égalité entre le travailleur déshérité ou malchanceux
et ses camarades plus heureux, que de répartir les versements patronaux non au prorata des cotisations ouvrières, mais suivant un mode inversement proportionnel à celles-ci. Nous approuverions que la loi exigeât du
patron, par exemple :

Un versement de 4 0/0 pour les ouvriers exemptés de l'obligation à raison de l'exiguïté de leur
salaire ;

Id.   3 0/0 pour les ouvriers recevant de 1 fr. 50
à 2 francs par jour;

Id.   2 0/0 pour les ouvriers gagnant de 2 à 6 fr.;

Id.   1,50 0/0 pour les salaires supérieurs à 6 fr.

A la contribution patronale, uniformément fixée à
2 0/0, le texte de 1906 ne prévoit que deux dérogations.
En premier lieu, l'employeur qui compte à son service
des étrangers non admis au bénéfice de la loi, verse 2 0/0
du salaire de chacun d'eux quand ils sont immatriculés
et 4 0/0 quand ils ne le sont pas ou ne résident pas en
France (art. 4). Dans l'un et l'autre cas, sa cotisation
est affectée non au compte du travailleur, mais à une
réserve spéciale, instituée par la loi, le *fonds de bonification*. En second lieu la contribution du chef d'en-

trepriso est due, nous l'avons déjà indiqué, même dans
le cas où le salarié, gagnant moins de 1 fr. 50, est exempt
de toute cotisation. Mais sur ce point le projet aboutit à
une conclusion déconcertante, et qui a évidemment
échappé lors de la discussion devant la Chambre. De
même qu'il se trouve des travailleurs dispensés de
versement, de même les petits propriétaires ruraux,
dont les fermages n'excèdent pas 500 francs de revenus,
sont affranchis de toute contribution. Supposons qu'un
ouvrier agricole, ne gagnant pas plus de 1 fr. 50 par
jour, ait pour patron un petit propriétaire dispensé de
versement: voilà un travailleur qui, aux termes du
projet, est soumis à l'assurance obligatoire, sans que
l'obligation implique la moindre cotisation de sa part
ou de celle de l'employeur. Avec quels fonds la retraite
sera-t-elle constituée? A moins d'admettre que l'Etat
n'intervienne ici pour accorder seul la rente de vieillesse
ou d'invalidité, il y a là un problème qui semble difficile
à résoudre. Il est à croire que le Sénat élucidera
la question.

Enfin, le projet expose que le patron ou propriétaire
est tenu d'opérer ses versements à capital aliéné (art. 7).
Il n'est pas libre comme le salarié de stipuler aucune
réserve. Cependant, nous ne pensons pas que cette
règle doit être comprise *stricto sensu*. Nous estimons
que le législateur a voulu seulement spécifier que
la contribution *obligatoire* de l'employeur serait effectuée à capital aliéné. Le législateur a voulu très juste-

ment empêcher de la sorte qu'un patron ne pût par une voie détournée, récupérer ses cotisations. Mais il ne peut en être de même des cotisations supplémentaires qu'un patron verserait spontanément au compte de ses salariés, soit qu'il assume la charge des cotisations ouvrières, soit que, la laissant subsister, il verse pour sa propre part plus que la contribution réglementaire. En l'espèce ces versements constituent de véritables dons et il nous paraît que la règle générale, édictée par l'article 949 du Code civil, doit être suivie. A tout le moins si une restriction doit y être apportée, nous estimons qu'elle pourrait à bon droit prohiber au patron donateur de faire aucune réserve à son profit, mais non lui interdire de stipuler une réserve des biens donnés en faveur du donataire ou de ses héritiers (1). Sans doute, il serait bon que le Sénat, au cours de ses débats, apportât aussi sur ce point un peu de lumière.

.*.

A la différence des versements ouvriers et patronaux, qui s'effectuent par quinzaine ou par mois, l'intervention de l'Etat dans la constitution des pensions ne s'opère qu'en une fois, au jour de la liquidation de la retraite. En principe celle-ci est acquise à 60 ans et

(1) Il doit en être de même pour les versements effectués par les sociétés, villes, départements, etc... à l'égard des travailleurs qu'ils emploient.

résulte du produit des cotisations capitalisées de l'employeur et du salarié (1). Mais comme le nombre et le taux des cotisations versées, proportionnels à la durée du travail et au gain de l'ouvrier, sont variables à l'infini, la rente produite à 60 ans d'âge peut atteindre des valeurs très différentes. La proportion porte que si elle dépasse ou atteint 360 francs, l'intervention de l'Etat ne joue pas. Si au contraire la rente est inférieure à ce chiffre, elle est majorée par l'Etat jusqu'à concurrence de cette somme au moyen de fonds de bonification (art. 8).

Plusieurs dispositions spéciales régissent cette participation financière de l'Etat. En premier lieu la majoration n'est consentie que pour parfaire la différence entre la somme de 360 francs et le produit de la liquidation réelle opérée sur la base du capital aliéné (art. 3). Quand un assuré aura spécifié la réserve de ses versements, le liquidateur supposera, pour établir la part

(1) Le tarif des retraites est calculé provisoirement d'après la table de mortalité de la Caisse Nationale des Retraites pour la Vieillesse ; ultérieurement, il le sera à un taux fixé chaque année par décret rendu sur la proposition des Ministres du Travail et des Finances, après avis du Conseil Supérieur des Retraites. Des décrets rendus dans les mêmes formes arrêteront, dès que les statistiques établies par le Ministère du Travail le permettront, de nouvelles tables de mortalité pour les retraites de vieillesse et des tables spéciales pour la liquidation des retraites anticipées d'invalidité (art. 7). — La proposition, rédigée avant la création du Ministère du Travail, ne cite que le Ministre du Commerce. Il y a lieu de substituer celui-là à celui-ci dans tous les passages où il est parlé du Ministre du Commerce.

contributive de l'Etat, que la réserve n'existe pas et que
les sommes versées produisent par conséquent la rente
maxima. Le législateur a prévenu de la sorte que les
assurés n'abusent de la promesse faite par l'Etat, de
leur garantir une rente minima et ne grèvent volontairement à leur profit les charges du Trésor.

Le même souci a fait insérer dans la proposition
l'alinéa suivant :

« Si la rente a été constituée à la Caisse Nationale des Retraites pour la Vieillesse au compte d'un assuré marié, la rente est
calculée, pour la majoration, comme si les versements avaient
été intégralement effectués au profit du titulaire » (art. 8).

On sait que l'article 13 de la loi du 20 juillet 1886 sur la
Caisse Nationale des Retraites dispose en effet que « le
versement fait pendant le mariage, par l'un des deux con-
joints, profite séparément à chacun d'eux par moitié ».
En d'autres termes la liquidation sera toujours sup-
posée faite comme si le capital versé devait produire le
chiffre maximum d'arrérages qu'il comporte.

Une troisième disposition subordonne l'intervention
du Trésor à une condition de temps : il est nécessaire
en principe que celui qui est appelé à en bénéficier ait
cotisé ou qu'un chef d'entreprise ait cotisé pour lui pendant trente ans au moins à raison de 250 jours de travail
au minimum par année (art. 8). Cependant quand par
cas de force majeure, tels que chômages involontaires,
maladies prolongées, accouchements, blessures, le nombre de 250 journées de travail n'aura pu être atteint, ce

nombre sera réduit dans les conditions déterminées par un règlement d'administration publique, sans toutefois pouvoir être inférieur à 200 journées (art. 20). Enfin quand l'âge normal d'admission à la retraite sera abaissé au dessous de 60 ans, le nombre exigé d'années de cotisations sera diminué d'un chiffre égal. Ainsi quand l'entrée en jouissance de la rente sera fixée à 55 ou 56 ans, le nombre des années de cotisation sera réduit à 25 ou 26 ans. Mais dans aucun cas la participation de l'Etat n'a le caractère d'une contribution proportionnelle à l'effort de l'assuré. Comme l'effort de celui-ci est à la fois d'autant plus méritoire, et d'autant moindre intrinsèquement, que son salaire est plus bas, la proportionnalité de la contribution aurait produit cette injustice de n'accorder qu'une subvention restreinte à ceux-là mêmes qui méritent la majoration la plus large. Il a paru plus équitable de garantir, sous les réserves que nous venons de dire, un minimum de retraite.

.•.

A la vérité, ces dispositions paraissent équitables. Elles défieraient la critique, si l'état de nos finances permettait au budget de répondre aux sollicitations, dont la loi le ferait l'objet. Mais dans la pratique, le mode d'intervention de l'Etat, malgré les précautions prévues, suscite une foule d'objections.

En premier lieu, il n'apparaît point que le minimum pro-

posé de 360 fr. de rente corresponde effectivement aux
besoins de l'ouvrier âgé, aux nécessités de l'existence et
au coût de la vie. Séduisante assurément est la formule
un franc par jour. On la signalerait dans nombre de
propositions de loi sur la matière. Mais qu'on y prenne
garde ; aucune statistique ne nous révèle quelle est la
moyenne quotidienne du prix ordinaire de la vie dans
l'ensemble du territoire. Nous manquons ici, — et d'une
manière absolue, — d'éléments d'information. C'est à
ce point que les uns, frappés du coût élevé de l'existence
dans les grandes villes ont demandé 1 fr. 50 ou 2 fr. par
jour ; d'autres, plus attentifs aux conditions économiques de la vie rurale, ne souhaitent que 0 fr. 75 ou
0 fr. 80.

Ne pourrait-on, dans cet embarras, prendre pour criterium la moyenne des secours alloués aux vieillards,
infirmes ou incurables par la loi du 14 juillet 1905 ? Il
est très vrai qu'ici encore nous ne possédons que des données statistiques peu nombreuses et que la loi est à peine
entrée en application. On sait de reste qu'elle institue
un service d'assistance et non d'assurance. Néanmoins,
la loi ayant pour objet d'accorder à ses bénéficiaires les
moyens de pourvoir à leur subsistance, un enseignement peut et doit se dégager de l'examen du taux des
secours évalués et accordés par les municipalités. Or
la moyenne n'atteint pas 1 fr. par jour. Le secours n'a
cette valeur qu'à titre tout à fait exceptionnel. En
mainte localité il n'est que de 8 ou 10 fr. par mois. Au

mois d'octobre 1907, le Gouvernement faisait connaître qu'au 1ᵉʳ juillet précédent 341.000 vieillards ou incurables étaient secourus et qu'en moyenne l'allocation mensuelle était de 15 francs (1). Ce chiffre est d'ailleurs celui qui a été le plus volontiers cité et répété lors de la discussion de la loi dans les deux Chambres. Des propositions de loi sur un système de retraites ouvrières se sont arrêtées à ce quantum.

Aussi nous pensons que le minimum de 360 francs inscrit dans le texte soumis au Sénat, ne correspond pas à la vérité des faits et ne constitue pas une sorte de chiffre intangible, de limite sacro-sainte, en dehors et au-dessous de laquelle il n'est rien permis de proposer.

Ce n'est pas au surplus un minimum moins élevé de rente viagère — 180, 240 ou 300 francs — que nous entendons demander aux lieu et place du fameux « 1 franc

(1) Voici, à titre d'indication, quelques exemples choisis au hasard :

A Meaux et à la Ferté-sous-Jouarre (Seine-et-Marne), le subside a été fixé à 15 fr. par mois. Dans l'Eure-et-Loir il est uniformément de 15 fr. par toutes les communes et de 20 fr. pour les quatre chefs-lieux d'arrondissement. A Douai (Nord), il est de 15 fr. A Clermond-Ferrand, Issoire, Riom, Thiers, Pontgibaut, Crevant, Lastic, Lussat (Puy-de-Dôme), il est également de 15 fr. A Ambert, à Brassac-les-Mines (même département), il est de 12 fr. A Mauzat, à Chateldon, la Renaudie, Saint-Sulpice (Puy-de-Dôme), il est de 8 fr. Dans le Tarn, le subside est de 20 fr. à Gaillac, 15 fr. à Lavaur et à Labastide-Rouairoux, 12 fr. à Castres, 10 fr. à Graulhet, 8 fr. 50 à Lautrec. A Pavilly (Seine-Inférieure), le taux est de 20 fr. A Reims (Marne), de 15 fr.

par jour » ou 360 francs par an. Nous croyons que promettre aux parties prenantes un minimum de rente,
c'est de la part de l'Etat s'engager dans l'incertain, se
lancer dans l'inconnu. La rente future des assurés doit
être constituée essentiellement par leurs cotisations
propres et celles de leurs patrons. La contribution de
l'Etat, qui intervient dans le seul cas d'insuffisance de la
pension, est donc inversement proportionnelle aux versements des deux parties, et, comme ceux-ci sont fonctions des salaires, la contribution de l'Etat est en définitive inversement proportionnelle à la valeur des salaires.
A la vérité, des études déjà faites nous renseignent assez
bien sur les salaires moyens pratiqués par profession.-
D'après les données publiées par l'*Office du travail* il est
même possible de répartir ainsi en trois classes une population recensée de 4.601.000 individus de 18 à 59 ans :

1re classe, salaire moyen :	600 fr.......	528.000	individus.
2e classe,	Id.	1.100 fr.......	2.289.000	Id.
3e classe,	Id.	1.600 fr.......	1.784.000	Id.

Mais nous ignorons quelle peut être la moyenne des
salaires gagnés dans sa vie entière par un même
ouvrier. Un travailleur ne peut-il changer de métier,
subir la conséquence d'un *krack* industriel, d'une grève,
d'une guerre, d'une épidémie, toutes circonstances propres à modifier son gain ? Nous ne savons donc pas
quelle rente peuvent constituer les versements conjugués d'un patron et d'un salarié effectués pendant trente

ans. Il est même difficile de connaître quel est en moyenne dans une vie d'ouvrier le nombre total de jours de chômage et nous nous rappelons que ce coefficient a son rôle aussi. En sorte que l'Etat, incapable d'évaluer le quantum probable des pensions que se constitueront eux-mêmes les travailleurs, l'est encore plus de calculer, même par à peu près, les majorations qu'il devra fournir. Il y a là dans le problème une inconnue impossible à déterminer. De là un aléa formidable, de là les écarts énormes dans les évaluations sur le coût du service des retraites. Entre les calculs les plus favorables et les plus pessimistes, la différence est comme de 1 à 4. Même en s'arrêtant aux chiffres les plus fréquemment donnés, ceux qui ont été établis par le ministère des Finances, on arrive à un total de 250 à 300 millions par an. Or, nous l'avons dit, la prudence et l'opinion sont d'accord pour déconseiller tout système alourdissant le budget d'une charge supérieure à 100 millions.

Aussi paraît-il insuffisant d'apporter sur ce point une correction, une retouche à la proposition de loi. Nous pensons que l'adoption d'un tout autre mode de majoration est indispensable. Il faut une refonte radicale des dispositions votées par la Chambre.

Reprenant une hypothèse formulée par M. Guieysse dans son rapport de 1904 (1), nous préconisons la méthode suivante :

(1) Documents parlementaires, Chambre, 1904, Annexe, n° 2083, p. 123 et sq.

12.

L'Etat accordera à tous les salariés, participant au service des retraites, une majoration *maxima* de 120 fr. par tête et par an, de manière à élever le taux des rentes jusqu'à une limite de 360 francs. La majoration sera inférieure à 120 francs, quand elle aurait pour effet d'enfler la pension au-delà de la limite de 360 francs. Ainsi une rente de 300 francs ne sera majorée que de 60 francs. En revanche, et puisque ce chiffre de 360 fr. ne nous semble plus un indispensable et indiscutable minimum, la pension ne sera augmentée que de 120 fr., même si elle est très faible. Une rente de 100 francs ne sera portée qu'à 220 francs.

Grâce à ce système, l'Etat se délivre du cauchemar de promesses faites dans l'inconnu. Il n'a désormais que 120 francs au maximum à débourser par an et par pensionné. L'estimation des charges du Trésor s'obtient dès lors aisément. M. Guieysse a calculé ce que coûterait cette méthode, appliquée sur la triple base de la capitalisation des fonds, de la retraite consentie à 60 ans d'âge et de l'admission des étrangers après cinq ans d'immatriculation. M. Guieysse toutefois ne prévoit qu'une majoration maxima de 100 fr. pour les ouvriers agricoles et ne compte pas les métayers et fermiers comme assujettis obligatoires ; ce sont, dans son système, des assurés facultatifs. L'honorable député accepte comme parties prenantes plus d'étrangers que nous n'en souhaitons et un nombre de fermiers, métayers et bordiers sans doute un peu inférieur à celui que com-

porterait la proposition du 23 février 1906. Car il est
clair que même non soumis à l'assurance obligatoire,
beaucoup de ces travailleurs en demanderaient le bénéfice à titre d'assurés volontaires. Au total, le système de
M. Guieysse contient approximativement le même
nombre de parties prenantes que celui auquel nous nous
rallions. Or, des recherches faites, il appert que la
méthode grèverait les Finances publiques d'une charge
de 62 millions au début, croissant jusqu'à un maximum
de 238 millions la 31e année et retombant finalement à
130 millions en régime constant.

Mais ces chiffres sont calculés sur la base de l'égalité
des versements du patron et de l'ouvrier et dans l'hypothèse où chaque assuré recevrait de l'Etat la majoration
maxima (100 ou 120 francs selon le cas). En fait, il n'en
sera pas ainsi. Grâce à la proportionnalité inverse de
la contribution patronale et de la cotisation ouvrière,
les retraites atteindront plus fréquemment un quantum
élevé. A raison de la valeur de leur rente, un certain
nombre d'assurés ne recevront du Trésor qu'une bonification inférieure à 120 francs. D'autres ne recevront
rien (1). Même en tenant compte des frais de gestion,
non compris dans les évaluations précédentes, il est à

(1) Leur nombre sera même sans doute assez élevé. Il suffit
qu'un salarié reçoive durant 30 ans une rétribution égale à
3 fr. 40 en moyenne par jour, pour que la rente constituée par
le seul prélèvement de 4 0/0 soit supérieure à 360 francs.

croire qu'en pratique la charge de l'Etat n'excédera pas 130 millions.

Ainsi nous nous rapprochons de la limite désirée de 100 millions. Pour l'atteindre effectivement, il suffirait, semble-t-il, de retarder très légèrement l'âge d'admission à la rente de vieillesse.

IV

Age d'entrée en jouissance. — Vieillesse et invalidité.

Nous touchons ici à un chapitre important de la loi, celui qui détermine l'âge d'entrée en jouissance des pensions. A la différence de la législation allemande, qui a tendu surtout à organiser dans l'Empire l'assurance-invalidité, le projet français a principalement pour objet l'assurance-vieillesse. Aussi est-ce à 60 ans en principe qu'est fixé pour tous les assurés l'âge d'admission à la retraite. L'âge de 65 ans avait été, nous l'avons vu, proposé dans plusieurs projets antérieurs. Mais les plaintes qu'ont fait entendre en 1901, lors de la première enquête parlementaire, les syndicats et groupements ouvriers, la leçon des statistiques qui révèlent une importante mortalité dans les classes laborieuses de 60 à 65 ans, ont ramené à 60 ans l'âge d'admission à la rente de vieillesse.

⁂

Nous convenons qu'il se trouve là une limite bien difficile à reculer. Une retraite promise à un âge trop

avancé est un leurre pour la plupart des travailleurs.
Et pourtant la proposition de 1906 a fait ses preuves
d'être d'une application à peu près impossible. De l'avis
général la diminution des charges qu'elle réserve au
Trésor est l'une des améliorations qui lui sont le plus
indispensables. Déjà nous avons préconisé un mode de
réduction du nombre des parties prenantes et une façon
de limiter plus exactement la contribution financière
de l'Etat. On devine combien il serait aisé, en retardant
l'âge d'entrée en jouissance, de restreindre plus énergiquement encore la quote-part du Trésor. Partagés
entre les désirs contraires de concéder des retraites au
plus grand nombre possible de travailleurs et de ne pas
imposer au budget un fardeau écrasant, nous sommes
arrivés à un point particulièrement délicat de l'examen
de la proposition de loi. Mais ceux qui souhaitent le
plus ardemment la création d'un vaste système d'assurance ouvrière sont aujourd'hui tenus de chercher au
texte de 1906 les amendements susceptibles de se résoudre en économies budgétaires. Qu'on baptise à son gré
les sentiments qui nous guident, autre chose nous paraît
être d'exiger la mise en vigueur d'un texte inapplicable
et de chercher les améliorations capables de mettre
aisément celui-ci en pratique. Les amis les plus sincères
et les plus dévoués des classes laborieuses ne sont peut-
être pas toujours ceux qui leur prodiguent les plus flat-
teuses promesses. Si pénible que soit à notre esprit et
à notre cœur une telle solution, nous n'hésitons pas à

proposer ici un recul léger de l'âge d'entrée en jouissance. Nous le demandons aussi faible que possible ;
nous le demandons d'une année seulement.

D'après le recensement de 1896 la population active
des travailleurs français comptait un nombre d'individus
âgés de 61 ans inférieur seulement de 60.000 unités au
nombre des individus de 60 ans. (702.462 contre 762.000.)
C'est donc surtout après soixante-et-un ans que la mortalité prend cette rapidité affligeante que les statistiques
nous ont précédemment révélée. En demandant que
l'admission à la retraite de vieillesse ne soit exigible
qu'à 61 ans, nous pensons en dépit d'une apparente
contradiction, concilier les propositions contraires :
échappant à l'accusation de promettre aux travailleurs une rente trop tardive et par là chimérique, nous
croyons proposer un second et très réalisable mode
de réduction du nombre des parties prenantes. Dans
l'hypothèse où la majoration de l'Etat serait uniformément de 120 francs par assuré et par an, une réduction
de 60.000 bénéficiaires vaudrait au Trésor une économie
de 7.200.000 francs. Si l'on se rappelle que la méthode
exposée au chapitre précédent n'entraîne pour le budget
qu'un sacrifice inférieur ou au plus égal à 130 millions,
on nous concédera qu'au prix de ce recul léger de l'âge
nous avons abaissé les dépenses prévues à un taux sans
doute assez voisin du forfait indiqué de 100 millions, —
du moins en ce qui concerne le seul service des retraites de vieillesse en régime constant.

Nous préconisons donc la fixation à 61 ans de l'époque normale d'entrée en jouissance.

Telle serait la règle générale. Elle comporterait des exceptions, — que la proposition de 1906 a prévues et indiquées déjà. Il serait injuste de modifier, à leur détriment, les dispositions applicables à certaines catégories de travailleurs légalement habiles à faire valoir à un âge plus jeune leurs droits à une pension ; il eût été d'un mauvais calcul de ne pas prévoir l'extension éventuelle de ce droit à d'autres groupes de salariés. Les tables de mortalité spéciales à la classe ouvrière, que le Ministère du Travail est occupé à dresser, commanderont peut-être une réforme de ce genre. L'article 5 du projet de loi porte donc fort sagement :

« L'âge normal d'entrée en jouissance de la retraite avec droit aux majorations... est fixé à 55 ans pour les ouvriers et employés des exploitations minières. Il peut être abaissé au-dessous de 60 ans jusqu'à 55 ans inclusivement par règlements d'administration publique pour les ouvriers et employés des compagnies et administrations de chemins de fer, ainsi que des industries reconnues particulièrement insalubres d'après des statistiques spéciales établies à ce point de vue par le Ministre du Commerce ». (1)

Mais la loi n'a pour objet que de garantir aux ouvriers vieillis une rente minima. Quand un travailleur, à raison de la quotité des versements qu'il aura effectués ou dont il aura bénéficié, acquerra avant l'âge légal

(1) Le texte devra porter : « Ministre du Travail ».

une rente de 360 francs, la loi ne le contraindra pas à attendre sa pension plus longtemps. L'obligation ne se justifierait plus, puisque l'objet même de la loi est atteint et le budget n'a rien à craindre de cette concession prématurée, puisqu'il est étranger à la constitution de la rente. Une deuxième exception inscrite au projet vise donc les assurés qui se seront constitué de bonne heure une retraite égale à 360 francs. Ils peuvent — mais à partir de l'âge de 50 ans seulement — en réclamer la liquidation. La concession de la retraite ne les prive du reste pas de leur droit au travail ; le montant (il est à peine besoin de le dire) en peut être cumulé avec un salaire. Mais si un ouvrier pensionné continue à travailler, les cotisations de l'employeur, qui sont toujours exigibles à raison du salaire payé, ne profitent plus à l'intéressé. Elles sont affectées au fonds de bonification. Il en est ainsi même si le travailleur continue spontanément à opérer des versements, soit pour constituer une assurance en cas de décès ou acquérir une maison, un champ, etc... (1). C'est la juste conséquence du droit qu'a dès lors l'ouvrier de ne plus cotiser du tout pour son propre compte. On ne s'expliquerait

(1) Au contraire, et jusqu'à 50 ans, les versements patronaux profitent à l'ouvrier, même si le minimum de rente est atteint ou dépassé et que le bénéficiaire, conformément à l'art. 7 du projet et comme nous l'avons dit plus haut, désire affecter la valeur actuelle du surplus à un autre mode d'épargne et de prévoyance.

Retraites ouvrières.   13

pas qu'un assuré, exempt du prélèvement obligatoire à raison de l'importance de ses ressources, continuât à bénéficier des versements patronaux (art. 5).

Toutefois la loi n'impose ici encore nulle contrainte. L'assuré âgé de 50 ans ou davantage et susceptible de faire valoir ses droits à une pension, peut ne pas la réclamer et continuer à travailler dans les mêmes conditions que par le passé : dans ce cas, il demeure astreint au précompte des 2 0/0 et profitera de la contribution de son patron. Il est clair qu'il obtiendra de la sorte une rente plus élevée et qu'il lui sera toujours loisible d'en demander la concession.

Il en va de même pour l'assuré qui, à l'âge légal (55, 60 ou 61 ans selon le cas), atteindra la retraite de 360 fr. S'il en réclame le bénéfice et continue à travailler, il peut ou cesser tout versement personnel ou affecter dorénavant ses cotisations à l'un des objets prévus ci-dessus (constitution d'une assurance, acquisition d'un immeuble, etc.); dans l'un et l'autre cas, il perd tout droit aux versements patronaux qui vont grossir le fonds de bonification (1). Enfin il est libre de continuer son travail et de différer la réclamation de sa pension ; il cotise alors et son patron cotise pour lui comme auparavant (art. 5).

_____

(1) Il en est de même encore pour les ouvriers qui, titulaires d'une pension de l'Etat, des départements ou des communes, égale ou supérieure à 360 francs, continueraient à travailler ; par exemple les inscrits maritimes retraités.

La prorogation de l'entrée en jouissance s'opère, dit
le texte, d'année en année. Il est clair que cette disposition a pour objet d'éviter les prorogations infimes, qui
compliqueraient outre mesure la comptabilité du service. Aussi estimons-nous qu'il faut par là entendre
qu'une rente ne peut être augmentée que si sa concession est effectivement prorogée d'une année. Il ne peut
être question de suspendre pendant douze mois le droit
des assurés à obtenir leur retraite. *Quid* d'un vieillard,
qui bien portant à 60 ans (nous dirions 61), différerait
d'un an l'obtention de sa retraite et dans l'intervalle
serait frappé d'une maladie grave interrompant son
travail? Serait-il juste, serait-il logique de suspendre
son droit pendant plusieurs mois?

.*.

Après avoir déterminé les conditions de la concession
de la retraite de vieillesse, la proposition de loi traite
en quelques mots de la pension d'invalidité. Un seul
article, l'article 9, est consacré à cette forme de retraite.
Aussi bien l'assurance-invalidité, pour logique qu'elle
soit, n'avait guère besoin d'être ici exposée, définie ou fixée à nouveau. Elle existe et fonctionne déjà. La loi du
9 avril 1898 garantit aux victimes des accidents du travail de justes indemnités. La loi du 14 juillet 1905 sur
l'assurance obligatoire aux vieillards, infirmes et incurables, accorde depuis le 1er janvier 1907, un minimum
légal de subsides aux travailleurs qu'une invalidité

prématurée et ne venant pas d'un accident professionnel
met hors d'état de pourvoir à leur subsistance. Il n'était
besoin que de décider des droits des assurés soumis au
régime du présent projet et frappés avant 60 ans d'une
« incapacité absolue et permanente de travail ». (1) S'ils
se trouvent en dehors des cas régis par la loi du
9 avril 1898 et ne sont pas coupables de fautes intention-
nelles, ils « auront droit, quel que soit leur âge, à la
liquidation anticipée de leur retraite ».

Celle-ci se liquidera d'après le total des versements
inscrits à leur compte dans les conditions générales. Si
elle n'atteint pas 360 francs, la majoration de l'Etat doit
théoriquement, aux termes de la proposition, la porter
à ce minimum. Mais cette bonification est limitée dans
deux cas : elle ne peut élever à plus du triple de sa valeur la pension liquidée d'après les seuls versements
inscrits au compte de l'assuré, — elle est subordonnée à
l'ouverture de crédits spéciaux ouverts à cet effet par
la loi de finances. En sorte que le cas serait possible où
des pensions d'invalidité n'atteindraient pas 360 francs,
bonification comprise. Sans doute il a été convenu, au
cours des débats à la Chambre, que si le taux d'une
retraite de ce genre était inférieur au minimum fixé
par la loi du 14 juillet 1905, application de ce texte serait
fait aux intéressés pour majorer leurs pensions.

Mais qu'une telle anomalie soit possible dans le sys-

(1) La constatation de l'incapacité se fera dans les conditions et
formes déterminées par un règlement d'administration publique.

tème de 1906, cela ne révèle-t-il pas que le mode prévu
d'intervention de l'Etat, déjà vicieux pour d'autres
causes, mérite d'être définitivement condamné et rejeté?
Comment, pourrait-on dire aux avocats de cette méthode, comment se peut-il que vous ne garantissiez
plus à tous ce minimum tant prôné de 1 franc par jour?
Du moins est-ce le vieillard, à qui vous retirez soudain
l'espoir d'une pareille rente? Cet accroc donné à la ri-
gidité d'un principe, qu'on croyait inflexible, se fût à la
rigueur compris: l'ouvrier âgé a réussi parfois à se
constituer une épargne; souvent il a des enfants qui lui
viennent en aide. Mais c'est à l'ouvrier, qu'une incapacité prématurée de travail aura frappé, que vous réser-
vez la disgrâce d'une pension réduite ! Nulle limitation
n'est même fixée à la réduction, puisqu'il suffit du rejet
par les Chambres des crédits spéciaux, pour qu'aucune
majoration de retraite d'invalidité ne soit plus consentie!

Ici encore il nous paraît plus logique — et nous ajoutons volontiers d'une politique financière plus pru-
dente — de déterminer de façon précise le mode et la
valeur de la contribution de l'Etat. Nous la désirons de
120 francs au maximum, et souhaitons de la voir accorder aux retraites d'invalidité dans les mêmes conditions
que dans le cas de vieillesse.

V

Les Caisses de Retraites. — La Caisse Nationale des Retraites ouvrières et ses succursales. — Caisses privées. — Sociétés de secours mutuels.

Le service des retraites est en principe assuré par un organisme central, dont la proposition de loi détermine ainsi la création :

« Il est institué, sous la garantie de l'Etat, une Caisse Nationale des Retraites ouvrières, dont la gestion administrative est placée sous l'autorité du Ministre du Commerce et dont la gestion financière est confiée à la Caisse des Dépôts et Consignations. » (art. 6).

Mais comme un établissement unique ne pourrait répondre aux désirs de tous les travailleurs du pays, la Caisse des Retraites ouvrières aura des filiales dans les Départements. Des agences cantonales ou même communales pourront naître. Un règlement d'administration publique en fixera le mode de création (1). La Caisse Centrale aura mission de diriger et de centrali-

(1) Mais ces caisses seront obligatoirement administrées « par des Comités de direction composés pour un tiers de représentants du Gouvernement, pour un tiers de représentants élus des assurés et pour le troisième tiers de représentants élus des employeurs » (art. 6).

ser toutes les opérations des succursales. La fonction
essentielle de ces diverses caisses sera de recevoir les
cotisations et de payer les pensions. Pour ce dernier
objet, elles peuvent, s'il y a lieu, déléguer le soin des
paiements aux comptables directs du Trésor, Tréso-
riers-Payeurs généraux, Receveurs des Finances, Per-
cepteurs, etc... comme il est pratiqué déjà pour le paiement des arrérages des pensionnaires de l'Etat ; même,
et pour mettre l'institution mieux encore à la portée des
bénéficiaires, il sera possible de recourir, pour les
paiements à l'intermédiaire des bureaux de poste.

.*.

L'établissement de ces caisses officielles n'implique
pas la disparition des caisses privées, patronales ou
syndicales. Ces institutions pourront continuer de
vivre sous la condition d'être approuvées du Ministre
du Commerce « dans les conditions générales déterminées par décret rendu sur la proposition des Ministres du Commerce et des Finances, après avis du Conseil Supérieur des Retraites ». S'il s'agit de caisses
patronales de retraites, créées par des Compagnies de
Chemins de fer, l'avis du Ministre des Travaux publics
sera demandé. S'il s'agit de caisses créées au profit
d'ouvriers de l'Etat, des Départements et des Communes
(non soumis aux législations spéciales sur les pensions
sur le Trésor), l'avis du Ministre des Finances et celui
du Ministre intéressé seront également nécessaires (art.

16). De plus ces caisses seront soumises à la même surveillance que les sociétés d'assurances et les syndicats
de garantie fonctionnant en conformité de la loi du
9 Avril 1898 sur les accidents du travail.

Deux conditions seront, dans tous les cas, requises
des caisses privées : elles devront être alimentées, au
moins jusqu'à concurrence de moitié, par les employeurs
et assurer des retraites de vieillesse au moins égales à
celles de la Caisse Nationale des Retraites ouvrières.

L'ouvrier ainsi n'aura nul intérêt à délaisser au profit de la Caisse officielle les institutions patronales ou
syndicales déjà existantes. Son droit reste entier cependant de préférer dès le principe la Caisse Nationale des
Retraites ouvrières ou la Caisse Nationale des Retraites
pour la Vieillesse ou une Société de Secours Mutuels.

S'il a versé pendant un temps ses cotisations à une
institution privée et qu'il quitte l'entreprise correspondante ou affiliée à cette institution, il peut requérir le
transfert à une des Caisses officielles de la valeur
actuelle de ses droits. Il en est de même si l'institution
débitrice renonce à fonctionner ou modifie ses statuts
(art. 18). Toutefois « l'institution peut, si les statuts
approuvés l'y autorisent, limiter ce transfert à la valeur
actuelle de la portion de retraite éventuelle provenant
des retenues sur le salaire et rester, quant au surplus,
débitrice de la retraite ». Le législateur a voulu de la
sorte prévenir qu'une entente concertée entre un grand
nombre d'ouvriers n'entravât dans son essor une de ces

institutions en l'astreignant subitement à débourser
des sommes importantes.

En revanche ces caisses ne sont point libres de recevoir des cotisations supplémentaires dans les conditions
générales que nous avons exposées plus haut. Les
ouvriers peuvent consentir à effectuer des versements
supérieurs aux 2 0/0 de leurs salaires ; mais dans ce
cas l'employeur est tenu de verser au moins le double
de la retenue complémentaire opérée sur le salaire.
Cette inégalité ne nous paraît pas correspondre aux
principes d'équité qui ont par ailleurs inspiré et guidé
le législateur.

Enfin un article spécial vise les ouvriers et employés
de l'Etat, actuellement régis au point de vue de la
retraite par des lois spéciales. Il arrive fréquemment
qu'un travailleur entre au service de l'Etat, comme
facteur, huissier dans un Ministère, gardien de bureau, ouvrier des arsenaux, etc... à un âge trop
avancé pour pouvoir jamais prétendre à une pension
sur le Trésor public. Inversement tel travailleur au
service de l'Etat entre dans un service privé avant
d'avoir atteint l'âge de la retraite. Aujourd'hui ces deux
conditions sont particulièrement défavorables ; dans le
premier cas le travailleur verse pour une retraite qu'il
n'atteindra jamais ; dans le second il perd le profit des
retenues perçues sur son traitement. Aux termes du
projet il continuera dans le premier cas à bénéficier en
entrant au service de l'Etat des sommes déjà versées à

raison de son emploi antérieur, dans le deuxième cas
« des règlements d'administration publique rendus sur
la proposition des Ministres du Commerce et des Finances et des Ministres intéressés détermineront... le mode
de liquidation à la charge de l'Etat des droits éventuels
des bénéficiaires en vue du transfert de leur valeur
actuelle à une des caisses visées par la présente loi »
(art. 18).

．＊．

Les institutions patronales ou syndicales ne sont pas
les seules qui conservent, au regard de la proposition
de loi, la capacité de servir des retraites. Les syndicats
professionnels agricoles et les sociétés de secours
mutuels sont admis au même droit.

Les premiers, qui n'intéressent que les employés et
ouvriers de l'agriculture, peuvent assurer le service
des pensions, à la condition d'être constitués en conformité de la loi du 21 Mars 1884 et de comporter des conseils d'administration composés pour moitié au moins
de représentants élus des assurés et agréés par le
Ministre du Travail dans les conditions déterminées
par un règlement d'administration publique (art. 36). (1).

(1) Au nombre des syndicats professionnels agricoles se trouvent des institutions patronales. M. l'Abbé Lemire nous paraît
avoir à juste titre observé qu'en leur imposant des conseils d'administration formés pour moitié au moins de membres élus par
les assurés, le projet créait pour ces institutions un régime exceptionnel et peu libéral qu'ignorent les caisses patronales industrielles. (Séance de la Chambre des Députés du 20 Février 1908).

Quant aux Sociétés de Secours Mutuels un régime spécial et favorable leur est réservé.

Déjà en 1901 le président de la Commission de Prévoyance, M. Millerand, disait à la Chambre : « Le Gouvernement et la Commission sont tout-à-fait favorables aux amendements qui tendent à associer plus étroitement la mutualité au fonctionnement de la loi ». C'était l'avis de M. Waldeck-Rousseau. C'est le désir d'un des porte-paroles ordinaires et d'un des fondateurs du mouvement mutualiste en France : « Les Sociétés de Secours Mutuels, a écrit M. Léopold Mabilleau, peuvent s'employer comme intermédiaires au service des retraites ouvrières (1). » Aussi bien était-il résolument impossible de laisser hors de la loi des associations, « qui depuis cinquante ans ont pris l'initiative de répandre dans notre pays l'idée de prévoyance et qui ont fait jusqu'à présent des efforts très sérieux et très efficaces au point de vue des retraites ouvrières » (2). Leur consentir des conditions spéciales, c'est à la fois rendre justice et hommage à leur utilité. Pour différer d'avis sur le principe même de la constitution des retraites, les partisans de l'obligation ne veulent point nier les mérites certains et la persévérance des mutualistes.

(1) Cité par M. GUIEYSSE, séance de la Chambre du 24 Janvier 1906.

(2) Discours de M. JACQUES DRAKE, à la Chambre, séance du 1er Février 1906.

Le rôle réservé aux sociétés mutualistes est même si vaste que M. Millerand a pu dire qu'elles étaient « l'instrument préféré de la loi ».

Toute société ou union de sociétés, libre ou approuvée, est en principe admise à coopérer à la grande œuvre des retraites ouvrières. Il suffit qu'elle ait été préalablement agréée à cet effet par décret rendu sur la proposition du Ministre du Commerce (Travail), après avis du Ministre de l'Intérieur. Le refus ne pourra être opposé que si la société ou l'union ne remplit pas les conditions générales que déterminera un règlement d'administration publique. Le retrait de ce droit ne pourra être prononcé que par décret rendu sur avis conforme du Conseil Supérieur des retraites. En cas de contestation, le Conseil d'Etat sera la juridiction devant laquelle les parties pourront se pourvoir (art 11).

Le fonctionnement des Sociétés de Secours Mutuels est de la sorte entouré de garanties certaines. Mais nul mode d'action uniforme ne leur est imposé. Dans la pratique elles pourront collaborer de trois façons distinctes à l'œuvre des retraites.

En premier lieu, elles peuvent purement et simplement servir d'intermédiaires. Ce rôle modeste, chaque Société de secours mutuels peut le jouer, ne comptât-elle que quelques membres. Elle remplit alors pour ses adhérents le même office que les agences communales ou cantonales des caisses départementales de retraites pour les autres bénéficiaires de la loi : elle reçoit des mains des patrons les cotisations des ouvriers, si ceux-ci déclarent être membres de la Société : elle centralise les versements des assurés facultatifs, les contributions des chefs d'entreprise et, d'une manière générale, de tous les assujettis à la loi : elle transmet toutes ces sommes à la Caisse départementale. Ce rôle facile n'est subordonné qu'à une condition elle-même réalisable et réalisée dès le principe : la Société doit avoir son siège dans l'arrondissement où sont payables les salaires.

Un second mode d'action réservé aux Sociétés est la pratique directe, effective de la retraite. C'est en somme le rôle que jouent déjà un grand nombre de Sociétés. Mais la proposition est plus libérale à leur égard que la législation qui les régit encore. Aux termes du décret du 29 mars 1901, une Société de Secours mutuels ne peut être autorisée à constituer une Caisse autonome de retraites que si elle comprend un minimum de 2,000 membres. Cette condition a pour conséquence d'interdire la pratique de l'assurance-retraite à un grand nombre de groupements mutualistes. Plusieurs députés, notamment M. Tenting, ayant exprimé la crainte que le maintien de cette règle n'empêchât les Sociétés de secours mutuels de prendre une large part à l'application de la loi, la Commission, par l'organe de son rapporteur, déclara que le projet en discussion ignorait le décret de 1901. Il sera réservé à un règlement d'administration publique de fixer le minimum des adhérents nécessaires aux Sociétés pour constituer par elles-mêmes des

retraites (1). Celles qui en recevront l'autorisation pourront remplacer entièrement la Caisse Nationale des
Retraites ouvrières. Les cotisations ouvrières et patronales leur seront remises et seront capitalisées par elles.
La majoration de l'Etat sera accordée dans les conditions générales à toute pension ainsi constituée. La proposition de loi n'impose ici qu'une condition aux sociétés, et cette réserve est légitime et indispensable : il
faut que la Société intéressée établisse qu'elle peut promettre, à l'âge prévu par la loi, des retraites au moins
égales à celles que procurerait la Caisse officielle avec
les mêmes versements de l'employeur et de l'employé.
Cette réserve est le corollaire nécessaire de la garantie
de majoration promise par l'Etat; sans cette clause l'E-
tat eût été exposé à des sollicitations excessives et non
fondées.

Enfin, en troisième lieu, le projet de loi définit le rôle
des Sociétés qui en même temps que l'assurance-vieillesse pratiquent l'assurance contre la maladie ou l'invalidité. Ce sont celles à qui le législateur a voulu con-
férer les plus grands avantages.

En effet, tout membre de ces Sociétés peut, à tout moment, par une simple déclaration écrite sur sa carte
d'identité ou son livret individuel, affecter soit le quart,
soit la moitié des retenues opérées sur son salaire au
paiement de sa cotisation d'assurance contre la maladie

(1) Séance de la Chambre des Députés du 6 février 1906.

ou l'invalidité. Sans nul correctif, cette pratique aurait pour résultat d'amoindrir la quotité de la pension future de l'intéressé : réduisant ses versements à la Caisse des Retraites, il diminue évidemment la valeur de sa rente. Mais ici se révèle la sollicitude particulière que le législateur a voulu témoigner aux Sociétés de Secours mutuels : l'Etat interviendra pour majorer les pensions des mutualistes dans les conditions ordinaires, sans avoir égard à l'affectation spéciale d'une part de leurs cotisations. Nous approuvons que cette faveur leur soit consentie. Mais alors que la proposition stipule que le minimum légal de 360 fr. leur sera garanti, nous demandons que cette disposition soit mise en harmonie avec le mode de majoration que nous avons exposé.

Un exemple fera mieux comprendre le rôle joué ici par l'Etat. Soit un assuré quelconque. Ses cotisations et les versements de son patron lui donnent, à 60 ans, une retraite de 300 fr. L'Etat intervient pour porter la rente au chiffre de 360 fr. La majoration est de 60 fr. — Supposons maintenant que ce même assuré a, depuis 20 ou 30 ans, et même au-delà, déclaré qu'il affectait à l'assurance contre la maladie, pratiquée par une Société de Secours mutuels, le quart ou la moitié de ses cotisations; il est clair qu'à 60 ans d'âge la rente, inscrite à son nom, sera inférieure à 300 fr. Supposons-la de 250 fr. La contribution de l'Etat tendra quand même à la porter au chiffre de 360 fr., sous la réserve coutumière que la quote-part du Trésor n'excède pas 120 fr. Ainsi la loi des retraites constituera en même temps l'amorce la plus sérieuse et la plus sûre de l'assurance-maladie.

Il va de soi qu'au jour où l'assuré sera certain de posséder, par le seul produit de ses versements et de ceux du patron, une rente de 360 fr. à l'âge de 60 ans (nous dirons 61), il pourra affecter à l'assurance contre la maladie l'intégralité des retenues opérées sur son salaire (1) (art. 12).

Cette faveur n'est pas la seule que le projet réserve aux mutualistes. Sur l'initiative de M. Paul Deschanel une disposition spéciale a encore été prise en leur faveur. L'assuré affilié à une Société de Secours mutuels pratiquant l'assurance-maladie reçoit une allocation supplémentaire destinée, si son salaire est petit, à compenser la retenue qui y est prélevée. Tous les mutualistes dont le gain annuel ne dépasse pas 1.000 fr. pourront réclamer cette faveur.

« Cette allocation, dit l'article 13, intégralement affectée à la réduction de la cotisation statutaire de maladie ou d'invalidité due par le sociétaire pour l'année courante, sera fixée en corrélation du montant des retenues subies par lui pendant l'année précédente pour la retraite et versées à la Société en conformité de la présente loi. »

(1) Il est clair que dans les trois cas que nous venons d'examiner, les Sociétés continueront à fonctionner, comme par le passé, sous l'empire de la loi de 1838, pour tous ceux de leurs membres qui ne seront pas soumis à la nouvelle législation.

De plus et pour mieux atteindre son objet, cette allocation devra être inversement proportionnelle à l'élévation des salaires.

« Elle sera calculée dans la limite des crédits budgétaires, d'après un barème établi par règlement d'administration publique.... dans des conditions telles que les allocations soient proportionnellement d'autant plus élevées que les salaires sont plus bas. » (art. 13).

Le projet de loi édicte enfin un dernier privilège en faveur des Sociétés de Secours mutuels : il donne une meilleure organisation au placement de leurs capitaux et achève d'étendre leur rôle.

Sur le premier point, l'article 14 prévoit la constitution à la Caisse des Dépôts et Consignations d'un fonds de retraite propre aux Sociétés, indépendant du fonds général de la Caisse des retraites ouvrières et aliénable. Toutefois comme plusieurs avantages sont déjà réservés par le projet aux mutualistes, il n'a pas paru nécessaire de garantir à ce fonds distinct la bonification d'intérêt (4 1/2 0/0) spécifiée par la loi de Finances du 31 mars 1903. Les Sociétés libres, mais autorisées à faire la retraite, seront tenues de déposer leurs fonds à la Caisse des Dépôts, conformément à l'article 21 de la loi du 1ᵉ avril 1898. En revanche, les Sociétés pratiquant la retraite pourront, en vertu d'autorisations accordées par décrets en Conseil d'Etat, et pour des besoins exceptionnels, opérer des prélèvements sur leur ancien fonds commun naguère inaliénable (art. 14). C'est là d'ailleurs la réalisation d'un vœu émis par le Conseil supérieur de la Mutualité.

Enfin, sur le deuxième point, les Sociétés de Secours mutuels agréées « remplissent de plein droit sur leur demande, en ce qui concerne les assurés qui leur sont affiliés, le rôle dévolu aux agences cantonales ou communales des Caisses départementales de retraites. » Etendant davantage encore leur rôle, le projet autorise les Sociétés à remplacer les Caisses départementales, si elles sont elles-mêmes groupées en unions départementales et comprennent parmi leurs membres plus des deux tiers des assurés résidant dans le Département (art. 15).

Les sociétés ou unions de sociétés peuvent ainsi acquérir, sur leur demande, l'importance et le rôle des caisses officielles. Elles correspondront directement avec la Caisse Nationale des retraites, seront en relation avec la Caisse des dépôts et consignations. N'est-ce pas une preuve et la meilleure, que la loi sur les pensions ouvrières n'a été, ni dans son esprit, ni dans son objet, dirigée, conçue contre la mutualité ? Trouvant au contraire chez les mutualistes des organismes déjà créés et de valeur éprouvée, elle se les est incorporés et favorise avec raison leur essor et leur épanouissement. Les mutualistes qui avaient redouté du projet de loi un coup grave porté à une cause, qui leur est chère, reconnaissent qu'il laisse en fait un grand et beau rôle aux sociétés et que celles-ci deviendront sans doute, en peu de temps, les intermédiaires les plus fréquents de la

Caisse Nationale des retraites ouvrières (1). Un autre et grave problème pourra même, de la sorte, recevoir une solution. Les sociétés de secours mutuels conviées depuis longtemps déjà par beaucoup de grands esprits, et en particulier par M. Léon Bourgeois, à mener en France la lutte contre la tuberculose, pourront affecter à cet objet une part des recettes recueillies par elles au titre de l'assurance-maladie. La Mutualité doublera ce jour-là son importance et sa valeur sociales.

Les débats à la Chambre ont enfin fait entrevoir une dernière conséquence de cette extension du rôle de la Mutualité. En principe, les sociétés de secours mutuels devraient, après le vote final de la loi, continuer comme par le passé à être gérées gratuitement par des personnes de bonne volonté. Mais il n'aurait pas été juste de ne pas les indemniser des frais nouveaux, qui leur incomberont, alors que leur intervention diminuera précisément le travail et les frais généraux de gestion des Caisses officielles. Il était équitable de promettre aux sociétés une compensation. Divers systèmes ont été

(1) Malgré le contrôle exercé sur la gestion financière, tant des caisses privées, patronales ou syndicales, que des sociétés de secours mutuels, le projet de loi prévoit qu'un déficit est possible. Il remédie à ce danger en leur imposant, à toutes uniformément, l'obligation de prélever annuellement une part déterminée sur toutes les sommes encaissées par elles ; la loi de finances fixera tous les cinq ans la quotité du prélèvement. Ainsi sera constitué un fonds spécial de garantie destiné à combler les déficits éventuels (art. 19).

proposés. Le seul qui ait paru acceptable, et qui est conforme d'ailleurs aux usages de notre comptabilité publique, est celui des remises. Malgré le vœu de plusieurs députés, aucun minimum n'a été garanti. L'engagement seul a été pris de traiter les groupements mutualistes de la même façon que les caisses cantonales et départementales, et de leur rembourser leurs frais de gestion (1). Un nouveau règlement déterminera le taux des remises quand la loi sera en application (2).

(1) La somme nécessaire à l'administration générale du service des retraites ouvrières demeure d'ailleurs inconnue et difficile à évaluer. D'après les calculs présentés au mois de février 1907 à la Commission sénatoriale des retraites ouvrières par le Ministère du Travail, les frais généraux de gestion s'élèveraient annuellement à 15 millions.

(2) Nous croyons avoir assez montré que nous approuvons les mesures prévues au projet en faveur de la mutualité. Il ne nous échappe pas cependant que toutes n'avaient pas été originairement désirées par la Commission de la prévoyance sociale ; plusieurs, sans doute, sont susceptibles d'entraîner des dépenses non comprises dans les évaluations primitives. L'adoption du principe de la proportionnalité inverse des versements patronaux et ouvriers, et la limitation à 120 francs de la majoration éventuellement consentie par l'Etat à chaque assuré, nous paraissent, il est vrai, de sûrs remèdes contre le danger d'imputer à nos finances des frais déraisonnables.

VI

De la Retraite facultative.

Le projet n'eut pas été complet, s'il n'eût traité de la condition des travailleurs, à qui les dispositions des précédents articles ne s'appliquent pas obligatoirement. Un travailleur n'est pas nécessairement un homme qui reçoit un salaire fixe. Il y a des travailleurs qui sont en quelque manière les associés du patron : ainsi les fermiers, métayers, colons-partiaires qui cultivent à « moitié-fruits » les terres du propriétaire. Il y a des travailleurs qui n'ont pour ainsi dire aucun patron : ainsi les tisserands à domicile, qui acceptent de l'ouvrage de plusieurs fabricants à la fois, les petits façonniers, artisans, commerçants de détail, etc... Il y a des travailleurs qui sont tour à tour ouvriers salariés et petits patrons. A tous il était nécessaire de réserver les avantages de la loi des retraites : pour eux, le projet institue une assurance facultative *avec promesse de majoration de l'Etat.*

Nous avons dit déjà (§ I du chap. VI) que les métayers, colons-partiaires et fermiers peuvent, sous conditions, être compris parmi les travailleurs obligatoirement assujettis à la loi. Dans ce cas, ils cotisent et le propriétaire du fonds cultivé verse des contributions simultanées. Mais de leur plein gré ils peuvent aussi refuser le bénéfice de l'application de la loi. Par une déclaration faite à la mairie de leur domicile, ils ont la faculté de s'affranchir de l'obligation. Ils rentrent dans la catégorie spéciale des travailleurs admis à l'assurance facultative (art. 36). Il est toutefois improbable que le nombre de ces renonçants devienne très élevé. On n'aperçoit pas les avantages qu'ils peuvent attendre de l'abdication de leurs droits. L'abandon d'une situation si privilégiée ne pourrait s'expliquer que par un désir, un besoin urgent de sacrifier l'avenir au présent ou par l'intervention menaçante d'un propriétaire soucieux de s'épargner sa part de contribution.

L'assurance facultative est ouverte également aux ouvriers sortis du salariat. Ils continuent à profiter des versements effectués à leur compte du temps qu'ils étaient soumis au régime obligatoire (1). Les petits patrons, façonniers, artisans, cultivateurs, sont admis au même droit. Deux conditions seulement sont ici requises : les assurés doivent travailler seuls ou n'employer que des membres de leur famille (2) et n'être pas

(1) Inversement, les petits patrons, devenus ouvriers, passeront du régime facultatif (s'ils en jouissent) sous celui de l'obligation.

(2) Au cours des débats parlementaires, une intéressante question a été soulevée. Le fermier, métayer, petit patron, façonnier, qui est facultativement assuré, peut par exception embaucher des auxiliaires temporaires. Sera-t-il tenu de contribuer à la constitution de leurs pensions ? Il a été entendu que la charge

imposés à l'une des contributions directes pour une somme supérieure en principal à 20 francs (art. 37). (1)

Cette énumération n'est d'ailleurs pas limitative. Non seulement les femmes ou veuves des travailleurs ci-dessus mentionnés et les femmes ou veuves de leurs associés peuvent se constituer des pensions, mais tous sont autorisés à opérer des versements en faveur des membres de leur famille travaillant habituellement avec eux. En outre, l'art. 37 est applicable « générale-ment à toutes personnes de nationalité française » réa-lisant la double condition de n'employer qu'un person-nel familial et ne pas payer plus de 20 francs en prin-cipal pour l'un des impôts directs.

de cette contribution incomberait au propriétaire ou au patron chaque fois que le fermier, façonnier ou autre n'aura été qu'un intermédiaire entre l'employeur réel et le salarié temporaire. Dans le cas où il y aurait plusieurs employeurs de ce genre, le versement sera opéré par chacun d'eux proportionnellement au travail effectué pour son compte. (Séance du 20 février 1906.)

(1) Il a été demandé à la Chambre que cette limitation fiscale fût moins stricte ou même disparût. Pourquoi fermer l'assurance facultative à de petits patrons payant 25 ou 30 francs pour l'un des impôts directs, alors qu'un employé de commerce peut de-meurer assujetti à l'obligation (jusqu'à concurrence de 2.400 fr. il est vrai) même s'il gagne 10.000, 15.000, 20.000 francs ? Ne pourrait-on, pour les petits patrons, façonniers, etc., imaginer un régime analogue ? Si l'on suppose d'ailleurs que le petit pa-tron, soustrait contre son gré à l'assurance facultative, tombe dans la misère au jour de la vieillesse, on arrive à cette conclu-sion : l'employé âgé touchera une rente, qu'il aura lui-même contribué à constituer ; le petit patron, réclamant le bénéfice de la loi de 1905 sur l'assistance, recevra une allocation, sans qu'il se soit jamais imposé le moindre effort personnel.

Les versements facultatifs ne peuvent être inférieurs à 1 franc, ni excéder 500 francs par an et pour chaque compte. En déterminant ce minimum et ce maximum, le législateur a voulu que les versements ne fussent ni inférieurs à une valeur déjà infime, ni capables de déguiser sous une abondance dangereuse des actes de spéculation. Ils sont constatés en principe sur un livret individuel ; mais des cartes d'identité spéciales et l'apposition de timbres-retraite pourront remplacer ce titre.

Les fonds, comme dans le régime obligatoire, peuvent être placés à capital aliéné ou réservé, toutes les caisses mentionnées dans les pages précédentes ont qualité pour les recevoir, l'âge d'entrée en jouissance est théoriquement fixé à 60 ans (nous dirons 61), le droit subsiste d'obtenir, pour causes d'infirmités incurables, une concession anticipée (art. 38).

Il n'y a dans la liquidation de retraite facultative qu'une grave différence avec le régime de la retraite obligatoire, tel du moins que l'institue la proposition de loi : la distinction réside dans la modalité et la quotité de l'intervention de l'Etat. Celui ci ne garantit pas de bonifier la rente constituée jusqu'à concurrence de 360 francs. La majoration a théoriquement pour objet de porter à ce minimum la valeur de la retraite. Mais une réserve ajoute que la bonification ne peut dans aucun cas excéder 120 fr. au maximum. Un assuré qui aura constitué une pension de 300 fr., recevra sans doute une bonification complémentaire de 60 fr., mais tel autre qui n'aura constitué qu'une retraite de 200 fr. ne recevra qu'une majoration de 120 fr. Encore l'intéressé n'a-t-il droit à la majoration que si des versements ont été effectués à son compte pendant 30 ans au moins, à raison de 6 fr. au minimum par trimestre (art. 38).

Mais qu'est-ce à dire, sinon que la proposition de 1906 prévoyait exceptionnellement ici le mode d'intervention du Trésor, que nous voudrions voir choisir pour tous les cas ? Nous ne pouvons qu'approuver semblable préférence.

VII

Dispositions transitoires.

La loi ne peut avoir son plein effet dès le lendemain de sa mise en vigueur. La constitution des pensions implique l'écoulement d'un certain nombre d'années. Il a fallu prévoir un régime de transition (art. 31à 33).

. Les travailleurs âgés de 60 ans et plus, (nous dirons 61 et au-delà,) recevront, dit le texte de 1906, une allocation viagère annuelle de 120 francs. Ceux qui atteindront cet âge ultérieurement auront droit à la même pension au fur et à mesure qu'ils parviendront à la soixantième année. La seule condition requise est de justifier de trente années de travail, à raison de 250 journées par an. Les années de service militaire sont comptées comme années de travail (1).

Les travailleurs âgés de trente ans et au-delà auront, à l'âge normal de l'entrée en jouissance, la retraite que

(1) Peut-être pourrait-on faire ici cette réserve que seuls seront admis à la concession de cette retraite les travailleurs qui ne jouiront pas d'un revenu annuel fixe de 300 francs. (voir MALZAC, *le projet de loi sur les retraites ouvrières*, Revue politique et parlementaire, Juin 1905). Il conviendra également de faire état des pensions ainsi accordées dans l'application de la loi sur l'assistance obligatoire aux vieillards,

leurs versements et ceux de leurs employeurs leur auront constituée. Ils recevront en outre une majoration variable de l'Etat, calculée d'après un barême, et qui ne pourra en aucun cas dépasser 120 francs. Cette bonification s'ajoutera à la rente constituée, de manière à l'élever à des maxima déterminés proportionnellement au nombre des années de cotisation. Les maxima sont d'autant plus élevés que les intéressés auront plus longtemps été soumis à l'assurance obligatoire.

Pour ceux qui l'auront été de 0 à 5 années, le maximum est de 150 fr. ; — de 5 à 10 années, de 200 fr. ; — de 10 à 15 années, de 250 fr. ; — de 15 à 20 années, de 300 fr. — de 20 à 25 années, de 330 fr. ; — de 25 à 30 années, de 360 fr.

Ainsi un assuré qui après 11 années de cotisations aura constitué une rente de 150 fr. aura droit à une majoration capable d'élever sa pension à 250 fr., soit 100 fr. de bonification. Si en revanche la rente constituée à son profit n'est que de 100 fr. il obtiendra la majoration maxima, soit 120 fr.

***

Ces stipulations sont de celles qui, non sans raison, ont paru à la Commission sénatoriale revêtir le caractère le plus téméraire. Le nombre des ouvriers âgés, susceptibles de prétendre à l'allocation de 120 fr. est en effet de 2.269.000. L'application de la loi durant le seul régime transitoire infligeait à l'Etat une charge de 270 à

280 millions. Si l'on veut s'en tenir au forfait de 100 millions, l'allocation tombe à 45 fr. par vieillard et même à une somme inférieure, si l'on fait entrer en ligne de compte les dépenses accessoires : retraites d'invalidité, frais de gestion, etc...

Il paraîtrait donc assez sage de renoncer durant cette période à la promesse d'une allocation aussi élevée. De même qu'il a été convenu que la loi d'assistance jouera chaque fois qu'une retraite d'invalidité n'atteindra pas le minimum de 60 fr., de même nous pensons que les dispositions de ce texte pourraient s'appliquer aux ouvriers âgés pendant le régime transitoire. Nous inspirant de la législation allemande, nous dirions volontiers : de deux choses l'une ; ou le travailleur qui a dépassé la soixantaine peut encore louer ses services, ou il est trop affaibli par l'âge pour continuer son labeur. Dans le premier cas, il recevra l'allocation prévue par la loi des retraites ; même réduite à 40 ou 35 fr. elle sera souvent un complément précieux du salaire ; si le déclin de ses forces entraîne pour le travailleur vieilli une diminution du gain journalier, l'allocation compensera en partie cette perte. Dans le second cas, l'ouvrier devenu incapable de toute tâche, demandera et obtiendra le subside promis dans sa commune aux bénéficiaires de la loi du 14 Juillet 1905.

VIII

Placements des fonds. — Moyens financiers.

La proposition de loi stipulant que les fonds recueillis par la Caisse des Retraites ouvrières seraient capitalisés, devait déterminer à quels placements ils pouvaient être consacrés.

Sur ce point, l'article 6, *in fine*, dispose :

« La Caisse des Dépôts et Consignations est autorisée à employer le montant des versements qu'elle reçoit au compte de la Caisse Nationale des Retraites ouvrières, ainsi que les revenus du portefeuille correspondant qui excèdent les fonds nécessaires au service des paiements et les sommes appartenant au fonds de garantie et de bonifications... 1° en valeurs de l'Etat ou jouissant d'une garantie de l'Etat ; 2° en prêts aux Départements, Communes, Colonies, Pays de protectorat, Etablissements publics, Chambres de Commerce (1) et en obligations foncières ou communales du Crédit foncier.

« Sur l'initiative du Conseil Supérieur des Retraites prévu ci-

(1) Ces prêts seront d'une utilité évidente. Ils contribueront au développement de notre réseau de Chemins de fer d'intérêt local, ils aideront les communes dans l'œuvre de municipalisation des grands services publics (eaux, gaz, électricité, transports), dans l'exécution d'importantes mesures d'hygiène, dans le développement des réseaux télégraphiques et téléphoniques (dont les communes assurent toujours une part des frais d'installation), ils contribueront à l'amélioration du réseau des voies navigables, ils développeront le crédit agricole.

14.

après et sur son avis favorable, elle est également autorisée à
faire emploi des fonds jusqu'à concurrence du dixième en prêts
aux institutions visées par l'article 10 de la loi du 20 juillet
1895 (1) et aux institutions analogues de prévoyance ouvrière déterminées par règlement d'administration publique, ou en prêts
hypothécaires sur habitations ouvrières ou jardins ouvriers,
ainsi qu'en actions ou obligations de sociétés d'habitations à bon
marché établies conformément à la loi du 30 novembre 1894, ou
en prêts aux caisses régionales de crédit agricole mutuel...

« Les sommes non employées sont versées en compte courant
au Trésor, dans les limites d'un maximum et à un taux annuellement fixé par la loi de Finances. »

Quant aux Caisses de retraites particulières, l'emploi
de leurs fonds sera déterminé par règlement d'administration publique (art. 17).

La participation de l'Etat à l'œuvre des Retraites
ouvrières fera l'objet d'un crédit annuellement inscrit
au budget (art. 39) (2). Le fonds de bonification est em-

(1) C'est le mode de placement qui existe déjà pour les fonds
des caisses d'épargne.

(2) Ce système prête à la critique, qui n'a pas manqué de lui
être adressée, de ne pas assurer au service des retraites une
ressource spéciale et fixe. Pour remédier à ce défaut, plusieurs
députés ont proposé de gager les subventions de l'Etat sur le
revenu d'un impôt ou d'un monopole nouveau, le monopole
de l'alcool par exemple. Toutefois ce grief, — fort grave si l'on
s'en tient à la proposition de 1906, — nous paraît valoir moins,
si on l'adresse au système que nous avons exposé. Au lieu d'une
participation financière de l'Etat, difficile sinon impossible à déterminer à l'avance, nous voulons une charge limitée et connue.
Aux évaluations différentes, qui ont été tentées du coût de la
mise en œuvre du projet (voir notamment discours de MM. Dor-

ployé à pourvoir aux différentes allocations ; son concours vient en atténuation de la charge supportée par
le Trésor public. Enfin, en cas d'insuffisance des ressources budgétaires, la Caisse des Retraites ouvrières
est autorisée à faire elle-même des avances à l'Etat à
un taux annuellement fixé, dans une proportion déterminée par la loi de finances et qui ne pourra pas excéder la moitié des contributions patronales. En représentation de ces avances le Trésor remettra à la Caisse
des obligations terminables dont la loi de Finances
déterminera la durée (art. 40).

MOY, DE RAMEL et JULES ROCHE, séance de la Chambre du 21 février 1906), nous substituons un état plus précis des dépenses.
La prévision au budget d'un crédit spécial s'en trouve facilitée.

IX

Voies de recours. — Contestations. — Mise en vigueur et contrôle de l'application de la loi.

Le législateur n'eût pas fait preuve de prudence s'il n'eût lui-même prévu que son œuvre se heurterait à des résistances. Toute loi appelle sa sanction. L'application de la loi sur les retraites ouvrières rencontrera des obstacles; des contestations sont possibles entre patrons et ouvriers au sujet du salaire servant de base à la retraite; la création de la Caisse Nationale des Retraites ouvrières peut provoquer des difficultés. Divers articles du projet établissent quelles seront, en pareils cas, les voies de recours et quelle autorité contrôlera l'administration de la Caisse et l'application de la loi.

Pour juger des contestations soulevées par les employeurs ou les assurés, le projet institue une procédure rapide et un recours curieux à l'arbitrage. Un tribunal arbitral, siégeant au chef-lieu de canton et composé du juge de paix président, de trois membres élus par les employeurs et de trois membres élus par les assurés (1) juge de toutes les questions relatives à

(1) Les conditions de ces élections, ainsi que la procédure, seront déterminées par un règlement d'administration publique rendu après avis du Conseil supérieur des retraites.

la quotité des salaires, aux appositions de timbres-
retraite, aux versements exigibles ainsi qu'à la liquidation des pensions. Grâce à la composition mi-partie du
tribunal, patrons et employés sont également certains
de voir leurs droits respectés ; par la création de cet
organe d'arbitrage dans chaque chef-lieu de canton, les
justiciables sont assurés que les juges seront informés
des usages et coutumes qui régissent leurs contrats de
travail, du prix normal des salaires du lieu. Aussi pou-
vait-on sans danger stipuler que ces tribunaux de cantons jugeront en dernier ressort. Leurs décisions ne
pourront être déférées à la Cour de Cassation que pour
incompétence, excès de pouvoir ou violation de la loi.
Mais ce n'est là qu'une garantie de droit commun.

Le bénéfice de l'assistance judiciaire est acquis de
plein droit aux assurés pour les instances devant cette
juridiction (art. 25).

L'une des causes qui peuvent être portées devant le tribunal arbitral trouve même dans le projet la sanction
précise qu'elle appelle. Il s'agit du cas où les versements
qui auraient dû être effectués ou les timbres-retraite
qui auraient dû être apposés par l'employeur ne l'ont
pas été. Le projet ouvre aux assurés, victimes de la négligence ou de la malveillance de leur patron, un délai de
répétition contre lui. Toutefois le délai est réduit à six
mois à l'égard des employeurs qui soumettent leurs
carnets de paye à un contrôle administratif. Passé cette
durée, la réclamation des intéressés devient caduque.

L'employeur est du reste intéressé le premier à opérer les versements. En cas de défaut le tribunal arbitral le condamnera au paiement des sommes non versées et à des dommages-intérêts fixés au double du montant desdites répétitions, « sans que les assurés puissent renoncer d'avance ni à ces répétitions ni à ces dommages-intérêts ». Cette prescription n'a été insérée au projet qu'en vue de soustraire les ouvriers à la pression que pourrait exercer sur eux un patron tyrannique en les contraignant lors de l'embauchage à renoncer à jamais à ce droit de répétition. Toutefois si le produit des restitutions patronales va alimenter le compte individuel de chaque travailleur, le montant des dommages-intérêts va grossir le fonds de bonification (art. 26).

Nous rappelons que le patron convaincu d'avoir contrevenu aux dispositions de la loi est, en vertu de l'article 16, traduit devant le tribunal correctionnel et passible d'une amende de 16 à 100 fr. En cas de récidive dans l'année qui suit une précédente infraction, le maximum est toujours appliqué.

Quant au contrôle de l'application de la loi, il est assuré par un Conseil supérieur des Retraites et par le Ministre du Travail. Celui-ci publie tous les ans un rapport adressé au Président de la République, imprimé au *Journal officiel* et qui rend compte de l'application générale de la loi (art. 27 et 28).

CONCLUSION

CONCLUSION

La proposition du 23 février 1906 contient l'amorce et la promesse d'une loi sociale nouvelle. Elle n'est point cet acte, encore moins *la grande loi* que saluait récemment M. le Ministre du Travail. Nous croyons avoir montré à la fois ses mérites et ses défauts. Les premiers sont nombreux, éclatants. Les seconds, — si l'on excepte quelques points de détail, — tiennent pour un peu à la hâte des débats et pour beaucoup à la générosité de cœur et d'esprit du législateur. En dépit d'une discussion qui occupa quarante séances, la Chambre, pressée d'aboutir, a improvisé plus d'une disposition ; elle a cédé à son désir de bien faire, trop oublieuse qu'une grande réforme, comme l'institution des Retraites ouvrières, ne va pas sans de très lourdes dépenses. Si convaincus que nous soyons de la nécessité de créer cet organisme, nous ne nous dissimulons pas que le projet renferme des points faibles et des promesses aventurées. Nous nous sommes efforcés de proposer quelques corrections, soucieux avant tout de réduire les charges dont nos Finances sont menacées. Réduire par l'exclusion d'une partie des étrangers le nombre des parties prenantes, établir le principe de la proportionnalité inverse des versements ouvriers et patronaux, limiter à 120 francs au maximum par assuré la majoration de l'Etat, différer jusqu'à 61 ans l'âge l'entrée en jouissance de la rente de vieillesse, renoncer aux allocations élevées offertes aux travailleurs durant le régime transitoire, telles nous semblent être les améliorations les plus urgentes à introduire dans le texte de 1906. Le rapport de la Commission sénatoriale des Retraites, les débats du Palais du Luxembourg, l'entrée en vigueur de la loi provoqueront d'autres amendements et des retouches nouvelles. On ne juge bien d'un acte législatif qu'à suivre et étudier son application.

Sous réserve des modifications que nous avons énumérées, nous pensons que le projet élaboré par la dernière Chambre serait dès aujourd'hui capable de se traduire en un acte exécutoire. Préparé par les longs et patients travaux d'une Commission, qui comptait quelques-uns des hommes les plus compétents du Parlement, il n'est pas, comme on l'a dit, une vaine ébauche. « Une proposition qui renferme tant de dispositions tutélaires et surtout un système si nettement et si fortement assis, demandait M. Millerand, ne mérite-t-elle pas le nom de loi ? » (1) Sans partager tant d'enthousiasme, nous convenons volontiers que la proposition est mieux qu'une

---

(1) Séance de la Chambre du 22 février 1906.

esquisse et plus qu'un programme : elle peut être pour la discussion, qui va s'ouvrir au Sénat, une base solide et un texte utile; elle contient le germe de l'heureux accomplissement du vœu le plus légitime de notre démocratie.

Un tel projet vient en son temps et à son heure dans la grande œuvre sociale de la République. Suivant la loi sur les accidents du travail et celle qui crée à l'infortune et à la vieillesse le droit à l'assistance, la proposition de 1906 marque une étape féconde dans la réalisation de l'idéal républicain. Nous avons confiance qu'avant peu la France se félicitera et s'honorera de l'œuvre des Retraites ouvrières comme de l'une de ses institutions les plus heureuses, comme l'une de ses conquêtes les plus durables, comme l'un de ses actes les plus utiles au bien, à la paix, à l'équité.

PIÈCES ANNEXES

PIÈCES ANNEXES

I

Proposition de loi sur les retraites ouvrières

ADOPTÉE PAR LA CHAMBRE DES DÉPUTÉS LE 23 FÉVRIER 1906.

TITRE PREMIER

De la retraite obligatoire de vieillesse et d'invalidité.

ARTICLE 1ᵉʳ.

Tout ouvrier ou employé, tout sociétaire ou auxiliaire employé par une association ouvrière, tout domestique attaché à la personne a droit, dans les conditions déterminées par la présente loi, à une retraite de vieillesse à soixante ans et, le cas échéant, à une retraite d'invalidité.

ART. 2.

Ces retraites sont assurées, conformément aux dispositions des titres I à IV de la présente loi, soit par la Caisse nationale de retraites pour la vieillesse, soit par les sociétés de secours mutuels, les caisses patronales ou syndicales, les syndicats de garantie solidaire ou les syndicats professionnels, sous la garantie de l'État, dans les conditions prévues à l'article 19 ci-après.

Les assurés ont toujours le droit, dans les conditions déterminées par la présente loi, de choisir entre ces diverses caisses.

Art. 3.

La retraite est constituée par un prélèvement sur le salaire des assurés, par un versement égal des employeurs et par des majorations de l'Etat. Le versement des employeurs doit demeurer à leur charge exclusive, toute convention contraire étant nulle de plein droit.

Le prélèvement sur le salaire des assurés, comme le versement des employeurs, est de deux pour cent (2 0/0) du salaire, y compris le salaire en nature, évalué dans les conditions déterminées par règlement d'administration publique. Toutefois, les salaires quotidiens inférieurs à un franc cinquante (1 fr. 50) sont exemptés du prélèvement.

La présente loi ne s'applique aux employés recevant des salaires supérieurs à deux mille quatre cents francs (2.400 fr.) que jusqu'à concurrence de cette somme.

Tout assuré âgé de moins de soixante ans reçoit gratuitement un livret individuel ou une carte annuelle d'identité, où doivent être inscrits les versements, ou apposés les timbres-retraite correspondants dans les conditions déterminées par règlement d'administration publique. Lors de chaque paye, à intervalles qui ne peuvent excéder seize jours pour les ouvriers et un mois pour les employés, cette inscription doit être requise de la Caisse qui assure la retraite, ou bien cette apposition doit être faite par les soins des employeurs débiteurs du salaire.

Art. 4.

Les ouvriers et employés étrangers, immatriculés en conformité de la loi du 8 août 1893 et résidant en France, sont soumis au même régime que les ouvriers et employés français.

Toutefois ils ne peuvent bénéficier des versements patronaux ou des majorations budgétaires que si les dispositions de la présente loi à cet égard leur sont rendues en tout ou partie applicables par des traités avec les pays d'origine garantissant à nos nationaux des avantages équivalents, ou bien s'il s'est écoulé plus de cinq ans depuis leur immatriculation. Dans ce dernier cas, la retraite éventuelle déjà acquise pendant les cinq premières années est doublée au moyen du fonds de bonifications prévu ci-après, et, si l'assuré est atteint d'invalidité absolue et permanente de travail ou s'il décède, application est faite des dispositions des articles 9 et 10.

Lorsqu'il n'y a pas lieu à application de l'alinéa précédent, les versements patronaux sont affectés au fonds de bonifications. Lesdits versements sont portés à quatre pour cent (4 0/0) lorsque les ouvriers ou employés étrangers ne sont point immatriculés ou ne résident pas en France.

ART. 5.

Sous réserve des dispositions spéciales qui seront adoptées à titre transitoire, la retraite produite par les versements visés à l'article 3 ci-dessus est liquidée à l'âge de soixante ans et la majoration de l'État est définitivement arrêtée à ce moment. Néanmoins, les assurés ayant atteint l'âge de soixante ans ont le droit de proroger l'entrée en jouissance de leur retraite d'année en année et de continuer à subir le prélèvement de 2 0/0 sur leur salaire ; dans ce cas, le versement corrélatif de leurs employeurs continue également à être effectué à leur compte ; dans le cas contraire, il est affecté au fonds de bonifications.

L'âge normal d'entrée en jouissance de la retraite, avec droit aux majorations spécifiées par l'article 8, est fixé à cinquante-cinq ans pour les ouvriers et employés des exploitations minières. Il peut être abaissé au-dessous de soixante ans, jusqu'à cinquante-cinq ans inclusivement, par règlement d'administration publique, pour les ouvriers et employés des compagnies et administrations des chemins de fer, ainsi que des industries reconnues particulièrement insalubres, d'après des statistisques spéciales établies à ce point de vue par le Ministre du Commerce.

Tout assuré peut, avant l'âge prévu aux alinéas précédents, et à partir de cinquante ans, réclamer la liquidation anticipée de sa retraite, dès qu'elle atteint trois cent soixante francs (360 fr.). En ce cas, s'il continue à travailler, les versements de l'employeur sont affectés au fonds de bonifications.

ART. 6.

Il est institué, sous la garantie de l'État, une Caisse nationale des retraites ouvrières, dont la gestion administrative est placée sous l'autorité du Ministre du Commerce et dont la gestion financière est confiée à la Caisse des dépôts et consignations.

La Caisse nationale des retraites ouvrières dirige et centralise les opérations de caisses départementales de retraites, qui, suivant les conditions déterminées par règlement d'administration publique, seront organisées dans chaque département, avec des agences cantonales ou communales, et qui seront administrées par des comités de direction composés pour un tiers de représentants du Gouvernement, pour un tiers de représentants élus des assurés et pour le troisième tiers de représentants élus des employeurs.

Les Caisses départementales de retraites transmettent à la Caisse des dépôts et consignations les versements qu'elles reçoivent au compte de la Caisse nationale des retraites ouvrières et elles opèrent les payements à effectuer pour le compte de cette dernière caisse avec les fonds mis à cet effet à leur disposition par les soins de la Caisse des dépôts et consignations. Elles peuvent utiliser, à cet effet, l'intermédiaire des bureaux de poste et des comptables directs du Trésor.

La Caisse des dépôts et consignations est autorisée à employer le montant des versements qu'elle reçoit au compte de la Caisse nationale des retraites ouvrières, ainsi que les revenus du portefeuille correspondant qui excèdent les fonds nécessaires au service des payements et les sommes appartenant aux fonds de garantie et de bonifications prévus ci-après : 1° en valeurs de l'Etat ou jouissant d'une garantie de l'Etat ; 2° en prêts aux départements, communes, colonies, pays de protectorat, établissements publics, chambres de commerce, et en obligations foncières ou communales du Crédit foncier.

Sur l'initiative du Conseil supérieur des retraites prévu ci-après et sur son avis favorable, elle est également autorisée à faire emploi des fonds jusqu'à concurrence du dixième en prêts aux institutions visées par l'article 10 de la loi du 20 juillet 1895 et aux institutions analogues de prévoyance ouvrière déterminées par règlement d'administration publique, ou en prêts hypothécaires sur habitations ouvrières ou jardins ouvriers, ainsi qu'en actions ou obligations de sociétés d'habitations à bon marché établies conformément à la loi du 30 novembre 1894, ou en prêts aux caisses régionales de crédit agricole mutuel.

Les achats et les ventes de valeurs sont effectués avec publicité et concurrence, sur la désignation de la Commission de surveillance instituée par les lois des 28 avril 1816 et 6 avril 1876, et avec l'approbation du Ministre des Finances ; les achats et ventes de valeurs autres que les rentes peuvent être opérés sans publicité ni concurrence. Les sommes non employées sont versées en compte courant au Trésor, dans les limites d'un maximum et à un taux annuellement fixé par la loi de finances.

Art. 7.

Le tarif des retraites assurées par la Caisse nationale des retraites ouvrières est calculé à un taux annuellement fixé par décret rendu sur la proposition des Ministres du Commerce et des Finances, après avis du Conseil supérieur des retraites, et, provisoirement, d'après la table de mortalité de la Caisse nationale des retraites pour la vieillesse.

L'assuré peut obtenir gratuitement tant de la Caisse nationale des retraites ouvrières que des autres caisses visées par la présente loi, dans le premier semestre de chaque année, un bulletin indiquant le montant de la retraite qui lui était éventuellement acquise au 31 décembre précédent, et, le cas échéant, du capital réservé. Il a la faculté d'effectuer à son compte des versements volontaires, dans les conditions déterminées par règlement d'administration publique.

Lorsque sa retraite éventuelle, avec le complément de retraite acquis d'autre part ou pouvant résulter de versements volontaires faits par lui ou pour lui, dépasse 360 fr., il peut, à toute époque, affecter la valeur actuelle du surplus, soit à une assurance en cas de décès, soit à l'acquisition d'une terre ou d'une habitation qui deviendra inaliénable et insaisissable dans les conditions déterminées par une loi spéciale.

Art. 8.

Lorsque la retraite acquise à l'âge déterminé par la présente loi et calculée sur la base du capital aliéné n'atteint pas 360 francs, elle est majorée jusqu'à concurrence de cette somme par l'État au moyen du fonds de

bonifications, pourvu que des versements aient été
effectués au compte du titulaire pendant trente années
au moins, à raison de 250 jours de travail au minimun
par année.

Si la rente a été constituée à la Caisse Nationale des
Retraites pour la Vieillesse au compte d'un assuré
marié, la rente est calculée, pour la majoration, comme
si les versements avaient été intégralement effectués au
profit du titulaire.

Dans le cas où l'âge normal d'entrée en jouissance est
abaissé en vertu de l'article 5, le nombre d'années exigible pour l'attribution de la majoration, conformément
au premier alinéa du présent article, est abaissé d'un
nombre égal d'années.

ART. 9.

Les assurés qui seront atteints, en dehors des cas
régis par la loi du 9 avril 1898, et à l'exclusion de toute
faute intentionnelle, de blessures graves ou d'infirmités
prématurées entraînant incapacité absolue et permanente de travail, auront droit, quel que soit leur âge, à
la liquidation anticipée de leur retraite.

La constatation de cette incapacité sera faite dans les
conditions et formes déterminées par règlement d'administration publique. La retraite liquidée sera bonifiée
par le Ministre du Commerce, sous les conditions fixées
par ce règlement, dans la limite des crédits spéciaux
annuellement ouverts à cet effet par la loi de finances,
sans qu'elle puisse devenir supérieure au triple de la
liquidation ni excéder 360 francs, bonification comprise.

ART. 10.

Si un assuré décède en laissant soit une veuve non
pourvue d'une retraite de vieillesse, soit un ou plusieurs
orphelins de père et de mère âgés de moins de seize
ans, il est attribué par le Ministre du Commerce sur le
fonds de bonifications, soit à la veuve, soit à l'ensemble
des orphelins, une allocation mensuelle de cinquante
francs (50 fr.) pendant six mois à compter du décès

TITRE II

Des retraites assurées par les Sociétés de secours mutuels, les caisses patronales ou syndicales et les syndicats de garanties.

§ 1er. — *Sociétés de secours mutuels.*

ART. 11.

Toute société ou union de sociétés de secours mutuels, libre ou approuvée, qui a été préalablement agréée à cet effet par décret rendu sur la proposition du Ministre du Commerce, après avis du Ministre de l'Intérieur, est admise soit à concourir aux encaissements et aux paye-ments de la Caisse nationale des retraites ouvrières, moyennant attribution de remises imputables sur le fonds de bonifications, soit à assurer directement pour ses sociétaires les retraites prévues par la présente loi.

Cet agrément ne peut être refusé qu'aux sociétés ou unions ne remplissant pas les conditions générales déterminées par un règlement d'administration publi-que rendu sur la proposition des Ministre du Commerce, de l'Intérieur et des Finances.

En cas de refus d'agrément dans les trois mois de la demande, un recours peut être formé devant le Conseil d'Etat, sans ministère d'avocat et avec dispense de tout droit. L'agrément ne peut être retiré que par décret rendu sur avis conforme du Conseil supérieur des retrai-tes, et sauf recours devant le Conseil d'Etat dans les conditions sus-énoncées.

Lorsqu'il existe des sociétés de secours mutuels ainsi agréées dans l'arrondissement où sont payables les salaires, l'employeur est tenu de verser à ces sociétés les sommes spécifiées au titre précédent, pour tous les assurés qui lui en font la demande en désignant la société à laquelle ils sont affiliés.

Au moyen de ces versements, la société doit assurer, à l'âge prévu par la présente loi, des retraites garanties au moins égales à celles que produiraient lesdits verse-ments d'après les tarifs en vigueur pour la Caisse nationale des retraites ouvrières au moment des ver-sements.

ART. 12.

Si la société de secours mutuels agréée réalise, en même temps que l'assurance contre la vieillesse, l'assurance contre la maladie et, le cas échéant, contre l'invalidité, les assurés peuvent à toute époque, par une déclaration écrite sur la carte d'identité ou le livret individuel prévus à l'article 3, affecter au payement de leur cotisation d'assurance contre la maladie et l'invalidité soit le quart, soit la moitié des retenues opérées sur leur salaire en vue de la retraite régie par la présente loi.

Les assurés qui, à quelque époque et par quelque mode que ce soit, ont acquis pour l'âge normal d'entrée en jouissance déterminé par la présente loi une retraite éventuelle d'au moins 360 francs, gagée par des ressources certaines dans les conditions déterminées par règlement d'administration publique, peuvent consacrer à l'affectation prévue par le premier alinéa du présent article l'intégralité des retenues effectuées sur leur salaire.

ART. 13.

Les sociétés de secours mutuels visées à l'article précédent reçoivent annuellement de l'Etat une allocation pour chaque sociétaire affilié tant en vue de la retraite prévue par la présente loi qu'en vue d'indemnités journalières et de secours médicaux et pharmaceutiques en cas de maladie ou d'invalidité, et justifiant : 1° qu'il a subi l'année précédente des retenues correspondant à huit mois de travail au moins ; 2° qu'il a concurremment acquitté la cotisation statutaire de maladie ou d'invalidité.

Cette allocation, intégralement affectée à la réduction de la cotisation statutaire de maladie ou d'invalidité due par le sociétaire pour l'année courante, sera fixée en corrélation du montant des retenues subies par lui pendant l'année précédente pour la retraite et versées à la société en conformité de la présente loi.

Elle sera calculée, dans la limite du crédit budgétaire, d'après un barème établi par règlement d'administration publique, pour tous les salaires n'excédant pas annuellement mille francs, et dans des conditions telles que les allocations soient proportionnellement d'autant plus élevées que les salaires sont plus bas.

ART. 14.

Les fonds correspondant aux sommes encaissées pour l'assurance des retraites visées au titre précédent par les sociétés de secours mutuels agréées sont placés dans les conditions prévues par l'article 21 de la loi du 1ᵉʳ avril 1898. Toutefois, s'ils sont versés à la Caisse des Dépôts et Consignations, ils forment un fonds de retraites distinct et aliénable sans bénéficier de la bonification d'intérêt spécifiée par la loi de finances du 31 mars 1903.

Le fonds commun de retraites inaliénable possédé lors de la promulgation de la présente loi par les sociétés de secours mutuels approuvées peut, pour des besoins exceptionnels, subir des prélèvements autorisés par décrets rendus en Conseil d'État, au vu de délibérations d'assemblées générales extraordinaires remplissant les conditions déterminées par l'article 11 de la loi du 1ᵉʳ avril 1898.

ART. 15.

Les sociétés de secours mutuels agréées dans les termes de l'article 11 remplissent de plein droit, sur leur demande, en ce qui concerne les assurés qui leur sont affiliés, le rôle dévolu aux agences cantonales ou communales des caisses départementales de retraites en exécution de l'article 6.

Lorsque ces sociétés sont groupées en union départementale et qu'elles comprennent parmi leurs affiliés plus des deux tiers des assurés ayant leur résidence dans le département, l'union est admise de plein droit, sur sa demande, à remplir pour l'ensemble des assurés du département, le rôle dévolu aux caisses départementales de retraites, à charge de se conformer aux règles édictées pour le fonctionnement desdites caisses.

§ 2. — *Institutions patronales ou syndicales de retraites.*

ART. 16.

Sont dispensés d'effectuer les versements ou les appositions de timbres visés à l'article 3 :

1° Les chefs d'entreprise qui ont organisé des caisses patronales ou adhéré à des caisses syndicales de retraites

ou constitué entre eux des syndicats de garantie solidaire,
après approbation du ministre du Commerce dans les
conditions générales déterminées par décret rendu sur la
proposition des ministres du Commerce et des Finances,
après avis du Conseil supérieur des retraites.

L'arrêté approuvant chacune de ces institutions doit
constater qu'elle est alimentée, au moins jusqu'à concurrence de moitié, par les employeurs et qu'elle assure
des retraites de vieillesse au moins égales à celles de la
Caisse nationale des retraites ouvrières.

Les arrêtés relatifs aux caisses patronales de retraite
des chemins de fer sont pris d'accord avec le ministre
des Travaux publics ;

2° Les établissements civils et militaires de l'Etat, les
départements, les communes et les établissements publics
qui organisent, pour tous ceux de leurs ouvriers et employés qui ne sont pas régis au point de vue de la retraite
par des lois spéciales, des retraites remplissant les conditions spécifiées au deuxième alinéa du paragraphe 1er
ci-dessus, dans les conditions déterminées par décrets
rendus sur la proposition du ministre du Commerce, du
ministre des Finances et du ministre intéressé.

Dans les divers cas prévus au présent article, les retenues sur les salaires peuvent, du consentement des assurés, excéder 2 0/0, lorsque l'employeur verse au moins
le double de la retenue complémentaire opérée sur le
salaire.

ART. 17.

Les institutions prévues au paragraphe 1er de l'article
précédent ont le droit d'ester en justice et peuvent employer leurs fonds en placements déterminés par règlement d'administration publique rendu sur la proposition
des ministres du Commerce et des Finances, après avis
du Conseil supérieur des retraites.

Elles sont soumises à la même surveillance que les
sociétés d'assurances et les syndicats de garantie fonctionnant en conformité de la loi du 9 avril 1898.

ART. 18.

Chacun des décrets ou arrêtés prévus à l'article 16
détermine le mode de liquidation des droits éventuels
des bénéficiaires en vue du transfert de la valeur actuelle

de ces droits à une autre des caisses visées par la présente loi, lorsque la caisse débitrice renonce à la constitution de la retraite. Ce transfert est opéré d'après les tarifs de la Caisse nationale des retraites ouvrières.

L'assuré qui quitte l'entreprise correspondante ou affiliée à l'institution de retraites peut à toute époque requérir le transfert prévu par l'alinéa précédent. Toutefois, l'institution peut, si les statuts approuvés l'y autorisent, limiter ce transfert à la valeur actuelle de la portion de retraite éventuelle provenant des retenues sur le salaire et rester, quant au surplus, débitrice de la retraite.

En ce qui concerne les ouvriers et employés de l'Etat actuellement régis au point de vue de la retraite par des lois spéciales et quittant le service avant la liquidation de pensions, des règlements d'administration publique rendus sur la proposition des ministres du Commerce et des Finances et des ministres intéressés déterminent, sur des bases analogues. le mode de liquidation à la charge de l'Etat des droits éventuels des bénéficiaires en vue du transfert de leur valeur actuelle à une des caisses visées par la présente loi.

§ 3. — *Dispositions communes.*

ART. 19.

Sur toutes les sommes reçues en conformité du présent titre, les sociétés ou institutions y mentionnées doivent, en vue des déficits qui pourraient survenir dans leur gestion, effectuer immédiatement un prélèvement pour la constitution d'un fonds spécial de garantie dont la gestion administrative et financière est assurée conformément aux dispositions de l'article 6 de la présente loi. La quotité de ce prélèvement est fixée tous les cinq ans par la loi de finances.

TITRE III

Dispositions générales.

ART. 20.

Quand, par cas de force majeure, tels que chômage involontaire ou maladies prolongées, accouchements, blessures, le nombre de 250 journées de travail visées à l'article 8 n'aura pu être atteint par l'assuré, ce nombre sera réduit dans les conditions déterminées par un règlement d'administration publique, sans toutefois pouvoir être inférieur à 200 journées.

ART. 21.

Les retraites, majorations et allocations acquises en vertu de la présente loi sont incessibles et insaisissables. L'incessibilité ne s'applique pas aux arrérages affectés à l'hospitalisation dans un établissement public.

ART. 22.

Les versements personnels supplémentaires effectués par les assurés en vue de retraites aux diverses caisses visées par la présente loi restent soumis aux dispositions qui les régissent respectivement. Toutefois, la liquidation anticipée de ces retraites est obtenue de plein droit lorsqu'il y a invalidité reconnue dans les termes de l'article 9 ci-dessus.

ART. 23.

Les certificats, actes de notoriété et toutes autres pièces relatives à l'exécution de la présente loi sont délivrés gratuitement et dispensés des droits de timbre et d'enregistrement.

Un décret réglera le tarif postal applicable aux objets de correspondance adressés ou reçus pour l'exécution de la présente loi par la Caisse nationale des retraites ouvrières et par les autres caisses visées à l'article 2, ainsi qu'aux encaissements et paiements prévus par le troisième alinéa de l'article 6.

Le payement des majorations et allocations pourra être effectué gratuitement par l'entremise des bureaux de poste.

ART. 24.

Est traduit devant le tribunal correctionnel et passible d'une amende de seize francs à cent francs (16 fr. à 100 fr.) tout employeur ayant omis les appositions de timbres-retraite ou les versements prescrits par la présente loi ou ayant contrevenu aux dispositions du paragraphe 1" de l'article 3. En cas de récidive dans l'année qui suit une précédente infraction, le maximum est toujours appliqué.

Sont passibles d'une amende de cent francs (100 fr. à 2.000 fr.) et d'un emprisonnement de trois à quinze jours les administrateurs, directeurs ou gérants de toutes sociétés ou institutions recevant des versements pour les retraites visées par la présente loi sans s'être conformés aux dispositions du titre II.

L'article 463 du Code pénal et la loi du 26 mars 1891 sont applicables dans les cas prévus au présent article.

Art. 25.

Toutes les contestations relatives à la quotité des salaires servant de base à la retraite, aux retenues illicites de salaires, aux appositions de timbres-retraite ou aux versements exigibles ainsi qu'à la liquidation des retraites, sont jugées en dernier ressort, au chef-lieu du canton où doit avoir lieu le payement du salaire, par un tribunal arbitral composé du juge de paix, président, de trois membres élus par les assurés et de trois membres élus par les employeurs. Les conditions de ces élections, ainsi que la procédure devant le tribunal arbitral, sont déterminées par règlement d'administration publique rendu après avis du Conseil supérieur des retraites.

Les décisions du tribunal arbitral peuvent être déférées à la Cour de cassation pour incompétence, excès de pouvoir ou violation de la loi.

Le bénéfice de l'assistance judiciaire est acquis de plein droit aux assurés pour les instances prévues au présent article.

Art. 26.

Les assurés peuvent, devant le tribunal arbitral, répé-ter contre leurs employeurs, pendant un délai de deux ans, le montant des timbres-retraite qui auraient dû être apposés ou des versements qui auraient dû être effectués à leur profit d'après la présente loi. Les em-ployeurs condamnés à opérer la restitution sont, en même temps, condamnés à des dommages-intérêts fixés au double du montant desdites répétitions, sans que les assurés puissent renoncer d'avance ni à ces répétitions ni à ces dommages-intérêts.

Le montant des répétitions doit faire immédiatement, par les soins de l'employeur, l'objet d'apposition de timbres ou de versements ; le montant des dommages-intérêts est directement versé au fonds de bonifications. Le délai de deux ans ci-dessus spécifié est toutefois réduit à six mois à l'égard des employeurs qui soumettent tous leurs carnets de paye à un contrôle administratif déterminé par décret rendu sur la proposition du ministre du Commerce.

<h2 style="text-align:center">ART. 27.</h2>

Il est formé auprès du ministre du Commerce et sous sa présidence un Conseil supérieur des retraites, chargé de l'examen des questions concernant la Caisse nationale des retraites ouvrières et l'application de la présente loi.

Il se réunit au moins une fois par semestre. Il élit ses deux vice-présidents.

Ce conseil est composé de :

Trois sénateurs et cinq députés élus par leurs collègues ;

Un conseiller d'Etat nommé par le Conseil d'Etat ;

Trois délégués du Conseil supérieur des sociétés de secours mutuels ;

Deux délégués patronaux et deux délégués ouvriers du Conseil supérieur du travail ;

Quatre délégués des Chambres de commerce, six délégués des syndicats professionnels ouvriers et deux délégués des Bourses du travail, élus dans les conditions déterminées par règlement d'administration publique ;

Quatre représentants des exploitants agricoles et six représentants des ouvriers et employés de l'agriculture élus dans les conditions déterminées par un règlement d'administration publique, rendu sur la proposition des Ministres du Commerce et de l'Agriculture ;

Quatre personnes connues par leurs travaux sur les institutions de prévoyance, dont deux membres agrégés de l'Institut des actuaires, désignés par le Ministre du Commerce ;

Deux personnes désignées au même titre par le Ministre des Finances ;

Le directeur de l'assurance et de la prévoyance sociales au Ministère du Commerce ;

Le directeur général de la Caisse des dépôts et consignations ;

Le directeur du mouvement général des fonds et le chef du service de l'inspection générale au Ministère des Finances.

Les membres autres que les membres de droit sont nommés pour trois ans.

Le Conseil supérieur des retraites nomme une section permanente composée : 1° de douze membres pris dans son sein, dont deux employeurs et deux ouvriers ou employés de l'industrie et du commerce, deux exploitants et deux ouvriers agricoles, et un délégué du Conseil supérieur des sociétés de secours mutuels ; 2° du directeur de l'assurance et de la prévoyance sociales, du directeur général de la Caisse des dépôts et consignations, et du directeur du mouvement général des fonds au Ministère des Finances ou de leurs délégués. La section permanente donne son avis sur toutes les questions qui lui sont renvoyées, soit par le Conseil supérieur, soit par le Ministre du Commerce.

ART. 28.

Un règlement d'administration publique rendu sur la proposition du Ministre du Commerce, après avis du Conseil supérieur des retraites, détermine les mesures d'exécution relatives à la gestion administrative de la Caisse nationale des retraites ouvrières.

Le Ministre du Commerce établit la statistique de toutes les opérations effectuées en exécution de la présente loi et en résume les résultats dans un rapport annuel qui est adressé au Président de la République et qui rend compte de l'application générale de la loi. Ce rapport est publié au *Journal officiel* et distribué aux Chambres.

ART. 29.

Un règlement d'administration publique, rendu sur la proposition du Ministre des Finances, détermine les mesures d'exécution relatives à la gestion financière de la Caisse nationale des retraites ouvrières.

ART. 30.

A dater de l'entrée en vigueur de la présente loi, sont abrogées toutes les dispositions contraires, notamment l'article 3 de la loi du 27 décembre 1895, le titre II de la loi du 29 juin 1894, l'article 2 de la loi du 27 décembre 1890, en ce qui touche les retraites, et, en ce qui concerne les bénéficiaires de la présente loi, les dispositions de la loi du 31 décembre 1895, sur les majorations de retraites.

Il n'est rien innové à la législation en vigueur sur la Caisse nationale des retraites pour la vieillesse et sur la Caisse nationale d'assurance en cas de décès.

TITRE IV

Dispositions transitoires.

ART. 31.

La présente loi sera applicable un an au plus tard après sa promulgation.

ART. 32.

Les ouvriers, employés ou domestiques et les anciens ouvriers, employés ou domestiques visés à l'article 1", qui seront, depuis cinq ans au moins, de nationalité française, recevront une allocation viagère annuelle, s'ils sont âgés de plus de soixante ans au moment de la mise en vigueur de la loi et au fur et à mesure qu'ils atteindront cet âge, s'ils justifient de trente années de travail à raison de deux cent cinquante journées par an, dans les conditions prévues par un règlement d'administration publique, rendu sur la proposition des Ministres du Commerce et des Finances. La durée du service militaire est réputée à cet égard équivalente à une même durée de travail.

Cette allocation sera de cent vingt francs (120 fr.).

Toutefois, si en s'ajoutant à la retraite calculée comme il est spécifié à l'article 8, le total est supérieur aux maxima fixés par le barême ci-dessous, cette allocation sera réduite de la quantité nécessaire pour que le total r.e dépasse pas les chiffres suivants :

De zéro à cinq années de versement à une Caisse de retraite autorisée, cent cinquante francs (150 fr.) ; de cinq à dix années, deux cents francs (200 fr.) ; de dix à quinze années, deux cent cinquante francs (250 fr.) ; de quinze à vingt années, trois cents francs (300 fr.) ; de vingt à vingt-cinq années, trois cent trente francs (330 fr.); de vingt-cinq à trente années, trois cent soixante francs (360 fr.).

<h3 style="text-align:center">ART. 33.</h3>

Les versements prescrits par les articles 3 et 4 doivent, dès l'entrée en vigueur de la présente loi, être effectués pour les assurés visés à l'article 32.

Un règlement d'administration publique rendu sur la proposition des Ministres du Commerce, des Finances et des Travaux publics détermine les conditions dans lesquelles les dispositions du titre IV de la loi du 29 juin 1894 et de la loi du 31 mars 1903 (art. 84 à 99) peuvent continuer à être appliquées aux ouvriers et employés des mines qui se trouvent régis par le présent titre.

<h2 style="text-align:center">TITRE V</h2>

Retraites des ouvriers et employés de l'agriculture.

<h3 style="text-align:center">ART. 34.</h3>

Les dispositions des titres précédents sont applicables aux ouvriers et employés de l'agriculture, ainsi qu'aux colons partiaires ou métayers et fermiers, toutes les fois qu'ils travailleront seuls ou n'emploieront que des membres de leur famille et un domestique, et qu'ils ne seront pas imposés à l'une des contributions directes pour une somme supérieure en principal à vingt francs (20 fr.).

<h3 style="text-align:center">ART. 35.</h3>

Suivant que les assurés sont employés à titre permanent ou intermittent, les versements sur livrets individuels ou les appositions de timbres sur cartes d'identité sont effectués trimestriellement ou bien lors de chaque paye, dans les conditions déterminées par règlement d'administration publique rendu sur la proposition des Ministres du Commerce, de l'Agriculture et des Finances.

Le même règlement déterminera les conditions dans lesquelles seront opérés, par les propriétaires, les versements afférents tant aux colons partiaires ou métayers et aux fermiers visés à l'article précédent qu'à eux-mêmes.

Le propriétaire âgé de plus de soixante ans et sans autres ressources, qui ne perçoit pas des fermages supérieurs à 500 francs, est dispensé du versement de la contribution.

Art. 36.

Les retraites régies par le présent titre peuvent être assurées par les syndicats professionnels agricoles constitués en conformité de la loi du 21 mars 1884, comportant des conseils d'administration composés pour moitié au moins de représentants élus des assurés et agréés par le Ministre du Commerce dans les conditions déterminées par règlement d'administration publique rendu sur la proposition des Ministres du Commerce, de l'Agriculture et des Finances, après avis du Conseil supérieur des retraites.

Les métayers ou colons partiaires et fermiers qui, par une déclaration faite à la mairie de leur domicile, auront fait connaître leur volonté d'être affranchis de l'obligation de la retraite, seront compris parmi les bénéficiaires de l'article 37.

TITRE VI

De la retraite facultative.

Art. 37.

Les ouvriers et employés visés aux articles 1" et 34 qui auraient cessé de se trouver dans les conditions prévues auxdits articles, les artisans, façonniers, commerçants ou cultivateurs travaillant habituellement seuls ou n'employant que des membres de leur famille, et généralement toutes personnes de nationalité française non visées par les articles précédents, qui ne sont pas imposés à l'une des contributions directes pour une somme supérieure en principal à vingt francs (20 fr.) sont admis, ainsi que leurs femmes ou veuves et les femmes ou veuves des associés régis par la présente loi, à opérer trimestriellement des versements à l'une des caisses visées à l'article 2 pour se constituer ou constituer aux membres de leur famille travaillant habituellement avec eux des retraites de vieillesse.

Ces versements ne peuvent être inférieurs à un franc (1 fr.) pour chaque compte, ni excéder cinq cents francs (500 fr.) par an. Le règlement d'administration publique prévu à l'article 28 déterminera les conditions dans lesquelles ils pourront être remplacés par apposition de timbres-retraite sur des cartes d'identité spéciales.

ART. 38.

La retraite acquise en vertu de l'article précédent est liquidée dans les conditions prévues au titre 1er et bénéficie des dispositions de l'article 9.

Lorsque cette retraite, à l'âge d'entrée en jouissance déterminé par la présente loi et calculée dans les conditions spécifiées à l'article 8, n'atteindra pas trois cent soixante francs (360 fr.), elle sera bonifiée, au moyen du fonds de bonifications, d'une somme de cent vingt francs (120 fr.), sans pouvoir toutefois être élevée au-dessus de 360 francs, pourvu que des versements aient été effectués au compte des assurés pendant 30 années au moins dans les conditions fixées à l'article précédent et à raison de six francs au minimun par trimestre.

TITRE VII

Moyens financiers.

'ART. 39.

Il est pourvu aux différentes allocations prévues par la présente loi et aux frais de son application au moyen d'un crédit annuel inscrit au budget du ministère du Commerce et d'un fonds de bonifications dont la gestion administrative et financière est assurée conformément aux dispositions de l'article 6 de la présente loi.

Les opérations de la Caisse nationale des retraites ouvrières font l'objet d'un budget annexe rattaché au budget du ministère du Commerce.

Le fonds de bonifications est alimenté :

1° Par les versements prévus aux articles 4, 5 et 26 ci-dessus ;

2° Par le montant des amendes prévues à l'article 24 ;

3° Par les capitaux qui, ayant été réservés en conformité de l'article 7, tomberaient en déshérence ou ne seraient point réclamés dans les trente années suivant le décès du titulaire de la retraite correspondante ;

4° Par le montant des majorations et allocations prévues aux articles 8, 9, 10 et 32, qui, restant dues aux bénéficiaires au moment de leur décès, n'auraient point été réclamées par leurs héritiers dans le délai de deux ans à compter du décès ;

5° Par les arrérages non perçus prescrits au bout de cinq ans, conformément à l'article 2277 du Code civil ;

6° Par la portion non employée annuellement du revenu visé à l'article 4 de la loi du 31 décembre 1895 ;

7° Par les dons et legs qui peuvent être faits à l'Etat, avec affectation audit fonds.

Le fonds de bonifications supporte le prélèvement de frais de gestion administrative et financière de la Caisse nationale des retraites ouvrières. Il est placé dans les conditions prévues à l'article 6 et ses disponibilités sont comprises dans le maximum visé au dernier alinéa dudit article.

Art. 40.

En cas d'insuffisance des ressources budgétaires, les sommes nécessaires au service des dispositions transitoires pourront être avancées chaque année, dans une proportion déterminée par la loi de finances et qui ne pourra pas excéder la moitié des contributions patronales, par la Caisse nationale des retraites ouvrières au taux d'intérêt annuel fixé pour les tarifs de cette Caisse.

En représentation de ces avances, le Trésor remettra, à la Caisse, des obligations terminables dont la loi de finances déterminera la durée.

Art. 41.

Pour l'élaboration des règlements d'administration publique prévus par la présente loi, le Conseil d'Etat procédera dans les formes déterminées à l'article 14 de la loi du 24 mai 1872.

ART. 42.

Une loi spéciale déterminera les conditions d'application de la présente loi à l'Algérie et aux colonies.

Des décrets rendus dans les mêmes formes devront arrêter, dès que les statistiques établies par le Ministre du Commerce le permettront, de nouvelles tables de mortalité pour les retraites de vieillesse régies par la présente loi, ainsi que des tables de mortalité spéciales pour la liquidation des retraites anticipées d'invalidité.

Le tarif ne comprend que des âges entiers, les versements étant considérés comme effectués par les intéressés à l'âge qu'ils ont accompli au cours de l'année dans laquelle les versements ont eu lieu.

La liquidation de la retraite s'opère d'après le montant des versements inscrits sur les livrets individuels ou des timbres apposés sur les cartes d'identité successives et à capital aliéné, à moins que la réserve du capital n'ait été spécifiée dès le début par l'assuré, pour les retenues opérées sur son salaire ; le montant des versements patronaux est toujours liquidé à capital aliéné.

II

Enquête ordonnée par le Sénat sur la proposition de Loi adoptée par la Chambre des Députés relative aux Retraites ouvrières.

Nom de la Société ....

Siège de la Société ....

....

département d ....

Nature de la Société ....

N° ....

QUESTIONNAIRE

A

1° Etes-vous partisan :
Du prélèvement obligatoire sur le salaire ?
Du versement obligatoire des employeurs ?
Des versements égaux des salariés et des employeurs ?

2° Les versements imposés aux ouvriers et aux patrons doivent-ils, dans votre pensée, être proportionnels aux salaires ?
Ou fixés par journée de travail ?

3° Etes-vous d'avis que, dans le système de l'obligation, les allocations de l'Etat doivent bénéficier à tous les assujettis sans distinction ?
Ou seulement aux assujettis dont la pension résultant des versements de l'employeur et de l'employé serait inférieur à 360 francs, à l'âge de la retraite ?

4° Les allocations de l'Etat doivent-elles être accordées :
Sous forme de primes annuelles venant s'ajouter aux versements des employeurs et des employés ?
Sous forme de bonifications d'intérêt ?
Ou sous forme de majorations de pensions ?

5° Dans le système de l'obligation, pensez-vous que l'ouvrier devant, aux termes du projet de loi voté par la Chambre, subir sur son salaire une retenue pour la constitution de sa pension de retraite pourra — même avec les avantages offerts par l'article 12 — continuer à supporter la charge des cotisations nécessaires au fonctionnement de la Société de secours mutuels dont il fait partie et qui doit l'assurer contre la maladie et l'invalidité ?

6° Etes-vous partisan du système de la capitalisation ?
Ou de celui de la répartition ?

B

7° Préférez-vous, au régime de l'obligation, un système basé, comme dans la loi belge, sur la prévoyance libre et la mutualité, avec encouragements de l'Etat et comportant :
Des versements facultatifs des salariés et des employeurs et des encouragements obligatoires de l'Etat ?

C

8° Pensez-vous que, soit dans un système d'obligation, soit dans un système de liberté, les subventions de l'Etat doivent s'appliquer indistinctement à tous les modes de prévoyance, et que les intéressés doivent demeurer libres, à toute époque :
Soit d'appliquer les cotisations et subventions à d'autres modes d'assurance contre les risques de la vie ou de la vieillesse ;
Soit d'affecter, le cas échéant, tout ou partie du capital constitutif de leur pension de retraite à l'acquisition d'une maison, d'un jardin, d'un bien de famille ou à tel autre usage indiqué par la loi ?

D

9° Dans votre pensée, le service financier doit-il être confié à une Caisse centrale unique ?

16.

Ou décentralisé par la création de caisses régionales, de caisses corporatives ou de caisses libres organisées notamment par les Sociétés de secours mutuels pouvant fonctionner concurremment avec la Caisse centrale ?

E

10° Indiquer les répercussions probables du prélèvement et du versement de 2 0/0 prévus par le projet de la Chambre :

a) Sur les salaires et sur la production dans votre profession ;

b) Sur la marche générale de l'Industrie, du Commerce et de l'Agriculture.

Comparer cette charge à celle des impôts actuels.

III

Statistique des réponses parvenues à la Commission sénatoriale des Retraites (Janvier-Avril 1907). (1)

1ʳᵉ catégorie. Groupements agricoles............ 1.690
2ᵉ   —   —   mutualistes........ 5.428
3ᵉ   —   —   ouvriers........... 1.372
4ᵉ   —   —   patronaux, mixtes.. 1.092

Total...... 9.582

Ces totaux se décomposent ainsi, selon la nature des réponses fournies à la Commission :

Groupements.	Hostiles au principe de l'obligation.	Favorables au principe de l'obligation.	Réponses imprécises.	Totaux
Agricoles.......	1.250	382	58	1.690
Mutualistes	3.403	1.626	399	5.428
Ouvriers.......	270	953	149	1.372
Patronaux, mixtes..	820	219	53	1.092
	5.743	3.180	659	9.582

(1) D'après *Le Temps* des 14 et 28 novembre 1907.

TABLE DES MATIÈRES

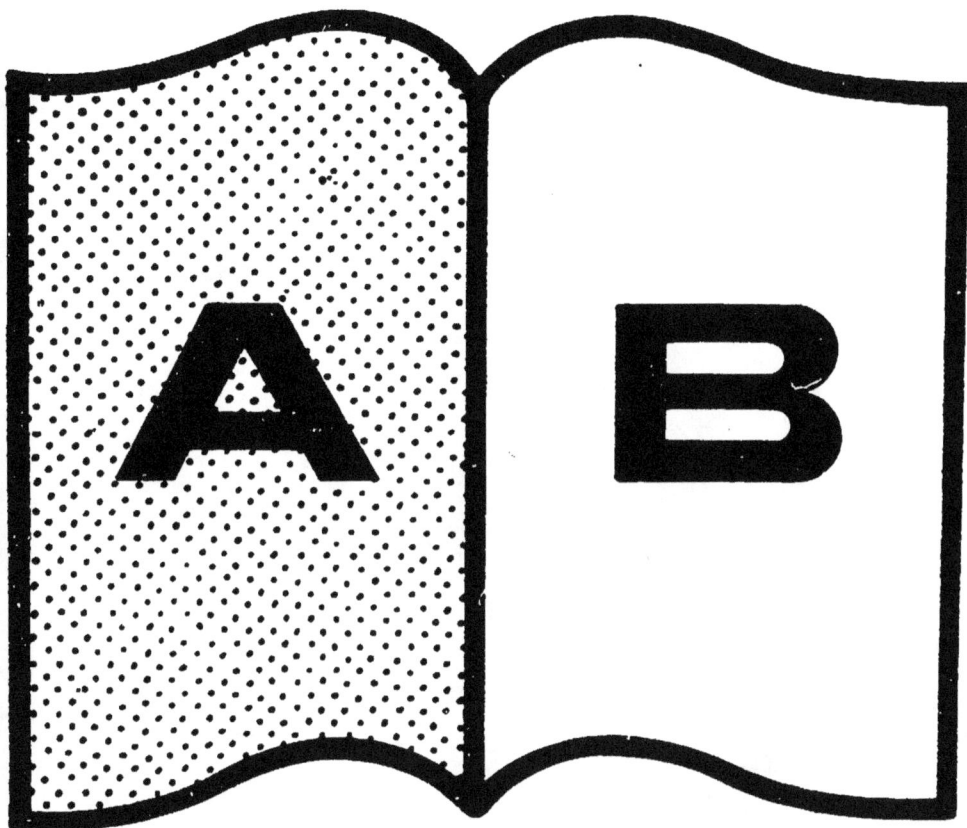

Contraste insuffisant

NF Z 43-120-14

www.ingramcontent.com/pod-product-compliance
Lightning Source LLC
Chambersburg PA
CBHW070235200326
41518CB00010B/1567